BOSSUET

NOTRE PLUS GRAND ÉCRIVAIN

PAJOU. — BOSSUET

(Biscuit de Sèvres)

Photo Goupil

ALBERT LETELLIER

BOSSUET

NOTRE PLUS GRAND ÉCRIVAIN

« Quid enim doctor nisi testis veritatis. »
BOSSUET.

PARIS

GOUPIL & Cⁱᵉ, ÉDITEURS-IMPRIMEURS

MANZI, JOYANT & Cⁱᵉ, ÉDITEURS-IMPRIMEURS. SUCCESSEURS

15, RUE DE LA VILLE-L'ÉVÊQUE

1920

BOSSUET

NOTRE PLUS GRAND ÉCRIVAIN

AVANT-PROPOS

Une heureuse occasion m'est offerte en commençant, de publier la lettre suivante d'un de mes amis qui, après de bonnes études scientifiques à l'École de Mulhouse, devint docteur ès-sciences à Zurich, travailla dix ans dans l'industrie la plus importante de France pour les produits colorants, puis à Londres et enfin de longues années dans de somptueux laboratoires allemands au milieu des plus grandes usines chimiques du monde.

Paris, le 28 janvier 1919.

Mon cher Letellier,

Un Germain, même intelligent et instruit, sera toujours doublé d'un imbécile.

Je te l'ai dit jadis et tu m'as reproché mon parti pris, t'en souviens-tu ?

Tes brochures montrent que tu es persuadé de cette vérité, aujourd'hui. Merci de me les avoir envoyées, elles m'ont fort intéressé.

C'est bien l'intempérance — propre et figurée — qui a perdu cette race d'incomplets, c'est très vrai. Mais il y a autre chose encore.

Incapable de se mettre dans la peau des autres, le Germain ne se connaît pas lui-même. La maxime des anciens lui échappe tout à fait. Tu riais lorsque, te les montrant dans la rue, en chemin de fer, à la brasserie, à leur travail, je te disais : « Leur physique leur interdit de gouverner le monde. Ils se croient beaux, parce que corpulents, et forts, parce que brutaux. »

L'ichtyosaure et le mammouth ont disparu, faisant place à des espèces moins lourdes et plus résistantes. Rien n'est plus faux que cette formule d'outre-Rhin :. « Le gros mange le petit. » Le Germain manque de mesure et de jugement et son don d'observation est limité aux choses matérielles.

Mais, d'autre part, tu fais bien de t'élever contre certains lieux communs tels que celui-ci : « Il n'y a pas de savants allemands, il n'y a que des spécialistes. »

L'enseignement est bien plus compartimenté chez nous qu'en Allemagne. Il est distribué aux *akademisch gebildeten* d'une façon plus uniforme et plus encyclopédique qu'en France. Aussi est-il rare de rencontrer des ingénieurs, des chimistes et des médecins boches qui confondent les racines grecques avec les latines.

Avant la guerre, on a cru imiter les Allemands en remplaçant les humanités par les sciences mathématiques — c'était une erreur mortelle. — Le grec et le latin sont aux mathématiques ce qu'est le sucre à la saccharine !

Merci encore d'avoir pensé à moi et bonne poignée de mains, mon cher Letellier, de ton vieux camarade.

Louis HAAS.

Voici une autre lettre du savant dont le nom nous est familier à tous dès que nous pensons aux travaux accomplis dans la liquéfaction des gaz.

Montereau, le 15 juin 1919.

Cher Monsieur,

Tous mes remerciements pour vos brochures que j'ai eu grand plaisir à lire, et pour vos encouragements. Nous ne sommes pas loin d'être en complète « coïncidence de phrases ». Et que nombreux nous sommes, qui nous ignorons ! Quand nous agrégerons-nous ?

. . . .

Georges CLAUDE.

Puis M. Claude me demande mon avis sur un parti politico-économique qui compte à sa tête des hommes véritablement instruits.

A cette question, je pourrai répondre avec quelque sécurité seulement, s'il m'arrive de connaître que ces dirigeants zélés d'un groupement combattif considèrent leur rôle comme un sacerdoce. Si oui, je les approuverai. Sinon, non !

Récemment, M. Henry Le Châtelier écrivait :

« Les ouvriers ne sont pas responsables du

sabotage de notre enseignement scientifique par les trop célèbres programmes de 1902. Les coupables sont des avocats, des littérateurs et des déclassés de tout ordre. »

Un cri d'alarme est jeté par des voix autorisées sur le danger que court notre enseignement après les réformes qui éclatèrent comme des bombes, aussi bien préparées, d'ailleurs, que tout le reste.

La spécialisation prématurée est nuisible à l'enseignement et convient très mal à notre nature : une culture fragmentaire, fruit de la mauvaise impulsion du début, sera le lot du plus grand nombre des étudiants.

Se plaçant au point de vue uniquement catholique, l'honorable abbé Sertilanges critique le livre de Rousseau, lorsqu'il refuse à Émile toute notion religieuse avant l'âge de douze ans. « Après, remarque-t-il, il sera trop tard. »

Laissant cette controverse philosophique aux directeurs de consciences, pasteurs ou prêtres, j'envisage la réplique de Lamartine, parlementaire, au savant Arago : « La communauté des idées générales est ce qu'il y a de plus social et de plus démocratique au monde » et j'y souscris de tout mon cœur.

Un des principaux caractères de notre race est de vouloir être sympathique : j'entends, ici, au point de vue intellectuel.

Pourquoi l'homme trop spécialisé, *einseitig*, écrirait un Allemand, ne nous séduit-il point ?

C'est qu'en ce pays, nous sentons d'instinct que seules les connaissances générales peuvent aboutir à une certaine largeur de vues.

Pour que nous trouvions raffinée la culture d'un homme, il faut qu'il ait su s'assimiler toutes les données intellectuelles propres à former en lui un jugement qui impose, chose plus rare qu'on ne le pense.

Un jugement sain, mais ce n'est souvent que le résultat d'une instruction vaste et bien comprise.

On ne s'instruit, on ne retient que par la comparaison des faits que l'on étudie avec d'autres qui nous sont acquis.

« Mieux vaut encore une tête bien faite que bien pleine » écrit Montaigne. Et avant lui Rabelais, et après lui, Locke ont pensé de même.

Ce sont les études variées qui permettent, mieux que les autres, ces rapprochements, ces comparaisons propres à bien meubler l'esprit.

Se reposer d'une spécialité par un autre travail de l'esprit, c'est la sagesse de l'effort intelligent. *Timeo hominem unius Libri*, saint Thomas d'Aquin a désapprouvé par ces mots, l'homme qui n'a étudié qu'une seule branche.

Les Allemands eux-mêmes (et nous les nommions pourtant, volontiers, des spécialistes à outrance) le comprennent à merveille. Ceux qui ont fréquenté les laboratoires d'outre-Rhin sont persuadés combien les connaissances étendues y étaient en honneur.

Et nous-mêmes, qui les critiquions aisément pour leur amour des spécialisations, n'avons-nous pas fini par diviser les baccalauréats en Baccalauréat :

Latin-Grec, Philosophie ou Mathématiques ;

Latin-Langues vivantes, Philosophie ou Mathématiques ;

Latin-Sciences, Philosophie ou Mathématiques ;

Sciences-Langues vivantes, Philosophie ou Mathématiques.

Le résultat de ces divisions et subdivisions s'est fait immédiatement sentir.

La plupart des bacheliers actuels ont écarté de leur programme la langue et les auteurs latins, et sont quand même inscrits, en foule, à nos Facultés de Droit et des Lettres.

L'inconvénient est, pour ces jeunes gens, d'avoir, en général, après trois années d'Université, oublié les notions de langues vivantes qu'ils avaient si durement acquises et de s'être sentis incapables de comprendre la moindre citation latine des professeurs.

Et cependant, en outre de notions d'art éternel que peuvent puiser de jeunes hommes dans Cicéron, Virgile et tous les autres modèles d'élévation, de sublimité, de grandeur : se dérober au latin, c'est vouloir négliger le français, dont la moitié des mots dérive de cette langue.

Aussi bien, les formules latines que nous ont léguées les jurisconsultes romains sont concises, claires et parlent à l'esprit.

Elles facilitent, à coup sûr, les bonnes études de droit.

Les connaissances les plus diverses se concilient fort bien et créent parfois en nous une force puissante et originale par sa variété même.

Victor Hugo, au début de sa vie, avait beaucoup travaillé les mathématiques.

Chateaubriand eut aussi, pour elles, un

faible qui le fit se destiner d'abord à la marine.

Pasteur, passant des recherches cristallographiques où il continuait les travaux d'Haüy, d'Herschel, de Delafosse, à celles qui lui ont fait connaître les virus et les vaccins, nous fournit l'exemple d'un esprit qui, avant d'atteindre à son développement total, à l'épanouissement de toutes les facultés susceptibles de se développer en lui, a cultivé les sciences les plus distinctes.

Et Herder, surnommé, pour ses sermons onctueux, le Fénelon de l'Allemagne, qui fut successivement ecclésiastique, antiquaire, philosophe, historien, archéologue !

Et celui que critique si judicieusement La Bruyère : le grand Rabelais qui fut moine chez les Cordeliers, docteur à Montpellier, secrétaire d'ambassadeur, curé de Meudon, sachant l'hébreu, le grec, le latin, l'italien, l'espagnol, l'arabe même !

La chimie nomme saturé un liquide qui a dissous tout ce qu'il peut retenir d'un certain corps, à une température donnée.

Or, cette solution saturée, fermée en quelque sorte à une nouvelle absorption, si minime soit-elle, du même corps, s'ouvre, si je puis dire, encore à la dissolution d'autres sels. Parfois même, la solubilité de ceux-ci se trouve augmentée par la présence, dans le liquide, du premier composé dissous.

C'est qu'il se forme, entre les deux sels, une combinaison qui désature le dissolvant.

Que ce principe, fourni par la science, nous aide à comprendre le jeu des études.

Il n'existe certainement qu'une lointaine analogie entre l'entassement de connaissances dans l'esprit et la dissolution de plusieurs sels dans un liquide. Ces deux cas présentent toutefois des combinaisons assez comparables entre elles. Ici et là peut avoir lieu une heureuse désaturation.

N'y a-t-il pas une espèce de combinaison entre la physique et la chimie, entre les mathématiques et les sciences, entre l'histoire et la philosophie ?

De même, dans l'étude de plusieurs langues vivantes, l'acquisition de la première coûte plus que celle des autres. En effet, outre qu'il devient plus facile de choisir une bonne méthode, les difficultés de prononciation une fois vraiment vaincues pour une langue, se trouvent l'être en même temps pour une autre, qui semblerait parfois même, à priori, extrêmement éloignée de la première.

Ainsi le *ch* allemand, une fois acquis, nous permet de prononcer assez exactement la *jota* espagnole ; le *th* anglais nous donne à peu près la prononciation du *c* dans la langue de Cervantès.

Sans doute, à mesure que toutes les sciences s'étendront en des ramifications presque infinies, deviendra-t-il de plus en plus nécessaire, au véritable éducateur, de mieux savoir dégager les grandes lignes, mais c'est souvent à tort que l'on a reproché à un programme d'éducation d'être trop chargé : en voulant élaguer ses matières d'une branche qu'on croyait inutile, on n'a abouti qu'à retrancher telle étude qui était soit la clef, soit le complément indispensable des autres.

Déjà en 1880 Taine félicitait Guyau de sa belle culture et déplorait l'abaissement général des études : « J'apprends avec grand plaisir que vous allez publier deux ouvrages sur le rapport de la philosophie avec la poésie et sur la religion. Dans le désordre et l'abaissement de notre littérature, les réflexions que vous ne pouvez manquer de faire seront précieuses. Il me semble que la plupart des écrivains nouveaux manquent de culture philosophique et en général de culture. Vous leur donnez un bel exemple et leur donnerez un bon avis. »

Renan n'a pas craint de penser :

« L'humanité, prise en masse, offre un assemblage d'êtres bas, égoïstes, supérieurs à l'animal en cela seul que leur égoïsme est plus réfléchi », et un réputé moraliste, La Rochefoucauld déclare : « qu'il est plus facile de connaître l'homme en général que les hommes en particulier ».

C'est pourquoi une éternelle controverse est réservée au problème des études.

Le bel élan de Bossuet : « Il n'est pas de puissance humaine qui ne serve malgré elle à d'autres desseins que les siens » s'applique aussi au pédagogue.

Tel dirige son pupille inlassablement vers un but ; ce but atteint, l'élève y fait la culbute, mais se ressaisit à temps pour se hisser parfois d'un trait au faîte d'une carrière diamétralement opposée.

Cet imprévu, ce hasard, c'est ce qu'on nomme tout simplement la Vie.

S'il est impossible de prédire son destin à un jeune homme : comment le faire pour toute une génération !

De quelque louable sueur que nos Sisyphes éternels de l'enseignement sentent leur front couvert, ces vers de Gœthe leur paraîtront souvent vrais !

« O glücklich wer noch hoffen kann... »

« Heureux qui peut encore garder l'espoir. — De ne pas être englouti dans cet océan d'erreurs. — C'est juste ce que l'on ne sait pas dont on a besoin. — Et ce que l'on a appris ne nous sert souvent à rien. »

Tout au plus, entrevoit-on que la race commençante aura des muscles. Elle se baignera chaque jour, ce qui sera déjà un progrès.

Mais il est peut-être aussi fou de faire, durant les études, la guerre au latin, qu'aux sports eux-mêmes.

Ma sympathie va, je l'avoue, plutôt qu'à Jack Johnson, à un de Sacy traduisant, avec tant de charme, les lettres de Pline.

Éloignons-nous des extrêmes, dans l'enseignement comme en politique, le vrai nous apparaîtra sans doute ; il est souvent au centre.

L'esprit qui séduit le mieux résulte, à coup sûr, de la fusion des connaissances les plus diverses, en un tout puissant et harmonieux.

Mais rien comme un peu de traductions latines n'assouplit l'esprit tout en montrant le génie de notre langue.

Éduquons judicieusement l'enfance, nous récolterons des grands hommes. Ces grands hommes seront la tête et la force de notre démocratie.

La nature ne manquera jamais de faire naître, en tous les pays, des cerveaux inquiets de tout savoir, des hommes que tourmentera la fièvre des recherches intellectuelles.

Comme Augustin Thierry, aveugle à trente ans, ils sacrifieraient au besoin à la science et leurs yeux et leurs nerfs.

De sublimes tard-instruits, d'immortels autodidactes comme Érasme, Rabelais, Amyot, Ramus et Rousseau perceront toujours à travers les âges.

Ils consentiront, s'il le faut, comme Ignace de Loyola, à l'âge de trente-six ans, de devenir sept longues années écoliers dans la vieille Université de Paris.

On n'arrêtera jamais la Science pas plus que l'Art.

Les impressionnistes excessifs, les futuristes déséquilibrés, à l'approche d'un Corrège s'écriant : « C'est toujours moi qui suis peintre » s'enfuiront comme des Turcs. L'Art sera toujours fait de sentiment, de couleur et de forme et non d'élucubrations dégradantes.

Mais, pour le malheur des hommes, ce qui continuera à faire de la Terre une vallée de larmes c'est l'indigence du cœur. M. Brieux a fait jadis une conférence sur « les crimes des honnêtes gens ! » Quel inépuisable sujet !

J'ai peur que, durant des siècles, il soit loisible aux Gorki de l'avenir d'écrire encore à la fin d'une nouvelle : « D'ailleurs, personne n'est coupable de rien car au fond nous sommes tous également des brutes. N'est-il pas vrai ? » Et à quelque Schopenhauer : « Un homme tuerait son voisin pour avoir la graisse de son corps afin de cirer ses bottes. »

Souhaitons donc surtout la venue d'un Éducateur Moraliste qui, en nouveau Christ, fera le monde meilleur.

Mais en attendant qu'il paraisse, ce nouveau Christ, faisons honneur aux classiques chez qui nous pourrons extraire le suc fertilisant d'une éducation complète.

Ils savaient tant de choses ces laborieux que si nous gagnons seulement une partie de leur savoir nous en saurons encore assez pour nous conduire avec profit dans notre carrière.

Est-il besoin de rappeler le bon sens d'un La Fontaine qui avait, à lui seul, autant de clairvoyance que tous ceux-là réunis qui, chez nous, ont aujourd'hui la direction des affaires publiques.

N'est-ce pas une remarque qu'il nous est donné de faire constamment dans nos démélés d'ici-bas que celle du sensible Schiller :

> *« Aus den Wolken muss es fallen,*
> *Aus der Götter Schoss das Glück,*
> *Und der mächtigste von allen Göttern*
> *Ist der Augenblick. »*

« Il faut qu'il tombe des nuages, du sein des dieux, le bonheur, et le plus puissant de tous les dieux, c'est l'instant qui passe. »

Prendre l'instant qui passe ! Être préparé par son travail à profiter de l'occasion que l'on désire et saisir au vol cette occasion dès qu'elle se présente, voilà l'homme d'action tout créé.

On voit de même à la fin du *Jules César* de Shakespeare, Brutus exprimer la même pensée, également en vers immortels, mais il n'atteint pas le bon courant qu'il devait prendre pour se sauver :

« There is a tide in the affairs of men
Which taken at the flood leads on to fortune
Omitted, all the voyage of their life
Is bound in shallows and in miseries. »

« Il y a un courant dans les affaires des hommes qui, pris dans le bon sens, conduit à la fortune. Si on l'omet, tout le voyage de la vie est mêlé d'ombres et de misères. »

Voilà un exemple de ces conseils précieux que les grands lyriques, si sympathiques à notre mémoire et à notre cœur, nous donnent tout en nous enveloppant d'art. Ce sont, en effet, d'incomparables artistes et, de plus, la profondeur de leur psychologie est à la hauteur de leur imagination et de leur lyrisme.

Shakespeare, Schiller : il manque Chateaubriand, Cervantès, Molière et Gœthe pour que j'aie fait passer en file avec Lamartine et Vigny les grands joyaux de ma jeunesse.

Oui, mais nous oublierions celui de qui Hugo raconte qu'il a « vu son trône épiscopal, d'une assez belle boiserie en style Louis XIV avec baldaquin figuré » et que le temps lui a manqué « pour aller visiter son fameux cabinet à l'évêché ».

Hugo ajoute « j'ai grand peur que la destruction des vitraux ne soit de son fait ».

Comment Jacques Bénigne de Meaux aurait déjà pensé comme l'abbé Sertilanges que dans des établissements « dits religieux » les images que l'on donne de Dieu « ressemblent à des poupées de vitrines ? »

Dans une si prestigieuse cathédrale, ni l'abbé Sertilanges, artiste dans l'âme, ni son illustre précurseur n'auraient méprisé de si belles couleurs. Alors que veut dire notre voyageur Victor Hugo ?

Ainsi, nous oublierions celui, de qui se glorifient de parler tous les auteurs immortels, en termes où ils s'évertuent d'égaler l'aïeul.

Chateaubriand, par exemple, le fait ainsi en termes émus : « lorsque après avoir mis Condé au cercueil, il appelle les peuples, les princes, les prélats, les guerriers au catafalque du héros ; lorsque, enfin, s'avançant lui-même avec ses cheveux blancs, il fait entendre les accents du cygne, montre Bossuet un pied dans la tombe et le siècle de Louis, dont il a l'air de faire les funérailles, prêt à s'abîmer dans l'éternité ; à ce dernier effort de l'éloquence humaine, les larmes de l'admiration ont coulé de nos yeux et le livre est tombé de nos mains. »

Et Lamartine de s'envoler à son tour : « Bossuet est tellement incorporé dans la gloire de la France, qu'en le diminuant on retrancherait quelque chose à la majesté du génie français.

« Ce nom ressemble à ces sommets des Alpes ou de l'Himalaya couverts de neiges ou de foudres, que les hommes n'habitent pas, mais qui font la renommée et l'orgueil des contrées que ces montagnes tiennent à l'ombre et qui servent à mesurer la hauteur à laquelle la terre peut s'élever dans le ciel. »

Nous voilà donc transportés dans une cathédrale qui, par la renommée d'un prélat aux facultés surhumaines, grandit jusqu'à la hauteur des premières montagnes. L'imagination y semble découvrir Jérémie, Ezéchiel, Isaïe qui chantent les louanges de Dieu puis Lamartine et Chateaubriand, enfants de chœur de stature monumentale, laissant osciller l'encensoir gigantesque d'où montent jusqu'au ciel des vapeurs d'or, de pourpre, d'azur, violettes comme les scabieuses et comme le grand évêque.

Que le lecteur m'accompagne dans cette course à vol d'oiseau sur un océan d'éloquence et s'il ne l'a point fait déjà, qu'il apprenne, comme moi, à chérir Bossuet.

Dans une préface de la Politique d'Aristote

Ed. Laboulaye termine en disant : « Une œuvre philosophique et politique s'adresse à ceux qui cherchent dans un livre, non pas un plaisir futile, mais une instruction solide : en fait de solidité et de profondeur, rien n'est comparable aux leçons qu'on peut tirer d'Aristote. »

Rien n'est comparable, non plus, aux leçons qu'on peut tirer de Bossuet. Nul n'a plus d'éclat que ce génie pour provoquer l'émotion esthétique et morale qui, chez les jeunes, forme de belles consciences.

Le but des études est d'acquérir des connaissances multiples, oui, mais à condition que ces connaissances soient mises au service du Beau, du Vrai et du Bien.

I

BIOGRAPHIE ET SERMONS
FÉNELON ET LE QUIÉTISME

Lᴇ 27 septembre 1627, Magdeleine Mochette donnait le jour à son septième enfant, en attendant que trois autres vinssent encore grandir sa famille.

Ce septième enfant, baptisé dès sa naissance dans l'église Saint-Jean à Dijon, prit les noms de Jacques-Bénigne.

Son grand-père Jacques Bossuet était conseiller au Parlement de Bourgogne. Son père Bénigne Bossuet, avocat au Parlement. Son grand-père maternel Claude Mochette était aussi avocat au Parlement. Un parent, François Bossuet, était secrétaire du Conseil des finances à la cour. Il avait acheté cette charge 1.400.000 francs : sa fortune était de quatre millions.

Bossuet naquit donc d'une ancienne famille de robe ; son arrière-grand-père Antoine Bossuet était déjà auditeur en la Chambre des Comptes.

Bientôt son père nommé conseiller au Parlement de Metz, confia à l'un de ses frères Claude Bossuet, conseiller au Parlement de Bourgogne, le soin de ses enfants.

Bossuet, destiné de suite à l'Église, puisqu'il fut tonsuré dès l'âge de huit ans, fit ses études au Collège des Jésuites à Dijon, et les termina à Paris au Collège de Navarre où il prit le bonnet de docteur en 1652.

Ces origines de Bossuet sont relatées seulement pour fournir si possible une explication de son caractère qui fut celui d'un juge à l'égard des protestants et de Fénelon par exemple.

Devenu chanoine de Metz, puis après archidiacre de Sarrebourg, il se plonge, sa vocation l'y poussait, dans l'étude des Pères de l'Église, en même temps qu'il travaillait les Anciens comme Eusèbe, Aristote, Hérodote, Denys d'Halicarnasse, Diodore de Sicile, Polybe, Tacite, pour ne parler que de ceux-là.

Ces études que Nisard appelle « l'alliance des deux antiquités » fécondèrent le génie du jeune archidiacre à un point qu'elles dotèrent

FAC-SIMILÉ DE L'ÉCRITURE DE BOSSUET

+

à versailles Lundi au di.

vous voulez bien monsieur
que ce nous demande de la part
de M. de Chaalons et de la mienne
nôtre journée de mecredi prochain.
nous irons de le matin pour avoir
plus de temps et nous esperons que
vous voudrez bien nous donner
a disner. nous sommes gents sans
façon Il ne me reste que vous
asseurer de l'estime avec laquelle i'suis
monsieur votre tres humble serviteur
+ J Benigne de meaux

la France du plus grand de ses écrivains, et la chaire du plus grand orateur peut-être de tous les temps.

L'admirateur passionné de Bossuet, il en a eu d'autres, que fut Nisard, le faisait aller jusqu'à dire à ses conférences au Collège de France : « Messieurs, jusqu'ici la France n'a compté qu'un siècle : le dix-septième, et ce dix-septième siècle qu'un homme : Bossuet. »

Nisard n'était sans doute pas aussi spontané, aussi sincère, lorsqu'il écrivait l'éloge littéraire de son souverain Napoléon III, historien de Jules César.

Je passe sur l'expression latine tant citée *Bos suetus aratro* : qu'elle marque l'origine latine du nom de sa famille, ou qu'elle perpétue un jeu de mots facile, fait par ses condisciples pour marquer son acharnement au travail.

Ce que nous savons, c'est que la famille du grand homme avait habité Seurre, avant d'être transplantée à Dijon.

Mais ce qui le plus nous importe, c'est que Bossuet se concilia tout jeune l'amitié du grand Condé, dès qu'il reçut les ordres au Collège de Navarre; qu'il attira de bonne heure l'attention de tous par ses *Sermons* (il nous en a, en tout, laissé deux cents) et ses *Panégyriques des Saints* (nous en connaissons vingt-et-un) avant qu'il ne vînt à Paris, prêcher devant le roi et la reine-mère.

En 1668, il rédigea son *Exposition de la doctrine de l'Église Catholique* qui provoqua les conversions de l'abbé de Dangeau, de Turenne, et d'un grand nombre de protestants.

En 1678, eut lieu chez la Comtesse de Roye, sa célèbre *Conférence* avec le ministre Claude. La conversion non moins célèbre de Mademoiselle de Duras s'ensuivit.

Dans une lettre datée de Versailles, du 2 décembre 1683, Bossuet dit à M. Brueys :

« Il a paru, il y a près de deux mois, une réponse de M. Claude à ma conférence; elle m'obligera à quelque réplique; mais je voudrais bien, sans tant écrire, qu'on pût pousser les adversaires à conférer avec nous. Je suis certain qu'avec la grâce de Dieu, je les confondrais sur cette matière, et qu'en peu d'heures je ferais paraître le défaut inévitable de leur cause. »

David-Augustin Brueys, théologien, élevé dans la religion protestante, puis reçu avocat, devint membre du consistoire de Montpellier, et publia une réponse au livre de *l'Exposi-*

tion de Bossuet. Il publia aussi des *Entretiens sur l'Eucharistie*, où il attaque la présence réelle.

Bossuet, au lieu de lui répliquer, parvint à le convertir.

Dans la lettre ci-dessus, on remarque la préférence que montre Bossuet pour la controverse orale, en présence des adversaires. C'est qu'il avait quelque raison d'être confiant en son éloquence où il concentrait toute la puissance du verbe humain.

C'est donc, par simple politesse, qu'il débute en ces termes, lorsqu'il est reçu à l'Académie française, le 8 juin 1671 : « Messieurs, je sens plus que jamais la difficulté de parler, aujourd'hui que je dois parler devant les maîtres de l'art du bien dire, et dans une Compagnie où l'on voit paraître avec un égal avantage, l'érudition et la politesse. »

On se rappelle l'éclatante retraite de Mademoiselle de La Vallière et la rupture, temporaire il est vrai, entre le roi et Madame de Montespan, qui furent son œuvre.

Dans son beau *Traité de la connaissance de Dieu et de soi-même*, il se montre assez près de la doctrine de Descartes.

Les *Méditations sur l'Évangile* ainsi que

les *Élévations sur les Mystères*, furent composées pour des religieuses du diocèse de Meaux, son diocèse depuis 1681.

Dans ses *Élévations*, Bossuet, en langue sublime, a le premier rendu limpides les obscurités de la théologie catholique.

C'est Bossuet qui rédigea les quatre fameuses propositions à l'Assemblée du clergé de 1682. François de Harlay, seigneur de Champvallon qui était alors archevêque de Paris, contraria parfois dans cette assemblée les vues de Bossuet, qui défendait les libertés gallicanes. D'après l'abbé Ledieu, secrétaire et confident de Bossuet, ses vues lui auraient été, en partie, suggérées par Colbert, ministre et secrétaire d'État et le chancelier Le Tellier rejetait paraît-il, cette idée gallicane aussi bien que la rejetait son fils, l'archevêque de Reims, qui était ami de Bossuet.

Colbert a voulu profiter, sans doute, des divisions qui régnaient alors au sujet de la régale.

D'après ces quatre propositions de 1682, l'Église gallicane proclamait l'indépendance du pouvoir temporel des rois d'avec le pouvoir spirituel des papes, dont les décrets pouvaient être réformés ou confirmés par l'Église gallicane.

En effet, la quatrième proposition contient :
« Quoique le Pape ait la principale part dans les questions de foi, et que ses décrets regardent toutes les Églises, et chaque Église en particulier, son jugement n'est pourtant pas irréformable, à moins que le consentement de l'Église n'intervienne. »

C'était aller très loin dans l'indépendance en matière de foi, plus loin que les Constituants, lorsqu'en 1791 ils votèrent la constitution civile du Clergé.

Mais nous verrons souvent dans la suite, quel était le but constant de Bossuet.

C'est après cette *Déclaration du Clergé de France* que Bossuet devient « conseiller du roi en ses conseils ».

Déjà l'oratorien Charles Hersent avait en 1640, dans son livre *Optati Galli de cavendo schismati*, accusé Richelieu de tendre à la séparation de la France d'avec l'Église de Rome.

Bossuet, poursuivant le dessein ininterrompu de sa longue vie de réunir protestants et catholiques de France, d'Angleterre, d'Allemagne, prit toujours parti pour les Églises nationales contre les prétentions du Saint-Siège au gouvernement du temporel des

États. C'est parce qu'il avait défendu les droits de ces États vis-à-vis du Pape, que ses négociations avec le théologien Molanus ou avec le grand Leibnitz pouvaient lui laisser quelque espoir de succès. Aussi le voit-on dans cette Assemblée de 1682, qui avait mission de trancher le différend entre le roi et le pape, défendre, comme il le fait, l'Église gallicane et il nous semble que sa seule politique lui interdisait d'agir autrement quand bien même il n'y aurait pas été poussé par Colbert.

L'*Histoire des Variations* compte à peu près huit cents pages, est divisée en quinze livres, et a paru en 1688. On a dit de ce gros ouvrage, qu'il est le triomphe de l'art de raisonner. Il voyait le jour, du reste, à une date où l'Europe entière raisonnait, puisqu'en janvier suivant, à Westminster, la Constitution anglaise allait être proclamée dans la fameuse « Déclaration des droits ». Les citoyens anglais allaient acquérir le droit d'élire leurs représentants, et d'être jugés par des jurés, quatre ans seulement après que l'Édit de Nantes avait été révoqué chez nous !

Le ministre protestant Jacques Basnage,

qui était pasteur à Rouen lors de la Révocation de l'Édit de Nantes, auteur de l'*Histoire des Églises réformées*, et le ministre Jurieu, auteur de l'*Histoire du Calvinisme et du Papisme* qui, comme Basnage, s'était forcément réfugié en Hollande, s'attirèrent d'immortelles répliques de Bossuet : la *Défense de l'Histoire des Variations*, et les *Avertissements aux Protestants*.

Basnage prend ainsi à partie Bossuet : « Si M. de Meaux a fait voir que les Pères grecs et latins, qui ont vécu avant saint Augustin, aient toujours enseigné la même doctrine sur la grâce, je lui promets de reconnaître la vérité des maximes qu'il a posées ; mais s'il succombe sous le fardeau, il faut qu'il permette au public de croire que son *Histoire des Variations* est inutile, puisqu'elle est appuyée sur des raisons qui ne sont pas vraies. »

Contre Richard Simon, ce savant hébraïsant, prêtre de l'Oratoire, comme Malebranche, Massillon, Mascaron et Daunou et qui avait publié en 1678, l'*Histoire critique du Vieux Testament*, Bossuet publia deux *Instructions pastorales*. Après les critiques de Bossuet et des solitaires de Port-Royal, le Pape avait condamné Simon, qui fut rayé de son ordre.

Richard Simon passe pour le fondadeur de l'exégèse moderne.

Lui envoyant ses *Instructions sur la Version du Nouveau Testament*, de R. Simon, imprimées à Trévoux, Bossuet écrit au cardinal de Noailles, archevêque de Paris : « Nous devons tout à la vérité et à l'Évangile, et dès que l'affaire est devant vous, Monseigneur, je tiens pour certain, que non seulement vous y ferez par vous-même ce qu'il faudra, mais encore que vous ferez voir à moi et aux autres, ce qu'il convient à chacun. J'ose seulement vous dire qu'il y faut regarder de près, et qu'un verset échappé peut causer un embrasement universel. » Et plus loin, il ajoute qu'il ne faut tolérer aucune faute « puisqu'il s'agit de l'Évangile, qui ne doit perdre ni un iota, ni aucun de ses traits ».

Dans ses *Instructions*, nous lisons : « Jésus-Christ et les apôtres nous ont averti qu'il viendrait des novateurs, dont les dangereux artifices altéreraient dans l'Église la simplicité de la foi. Nous ne cherchons point à déshonorer nos frères, à Dieu ne plaise, ni

à flétrir leurs écrits sans une extrême nécessité ; mais quand il arrive de tels novateurs,
nous sommes mis en sentinelle sur la maison d'Israël, pour sonner de la trompette,
et plus ils tâchent de se couvrir sous des
apparences trompeuses, plus nous devons
élever notre voix. »

.Ne nous étonnons donc point de lire
dans une *Ordonnance de Mgr l'illustrissime
et révérendissime Évêque de Meaux :*

« Jacques Bénigne, par la permission divine, évêque de Meaux, etc... Au clergé et
au peuple de notre diocèse, salut et béné-
diction en Notre-Seigneur... Nous défendons
très expressément à tous les fidèles de notre
diocèse, ecclésiastiques et autres, de lire, ou
retenir le livre nommé ci-dessus, sa préface,
sa traduction et ses remarques... sous peine
d'excommunication, laquelle nous déclarons
être encourue *ipso facto*, par les curés,
vicaires, prêtres, confesseurs et directeurs qui
en permettront ou conseilleront la lecture. »

La deuxième *Instruction* est précédée
d'une dissertation sur Grotius, sur l'autorité
duquel R. Simon s'était appuyé : « Si j'entre
aujourd'hui, comme je l'ai souvent promis,
dans la discussion à fond de la doctrine et

de la critique de Grotius, ce n'est pas pour accuser un si savant homme... Grotius était ébloui de ce bon sens des sociniens, lorsqu'il expliquait ce passage de l'Ecclésiaste XII, 7, la poudre (corps humain) retourne à la terre, et l'esprit à Dieu qui l'a donné » par un vers d'Euripide, où il est dit que chaque chose retourne à son principe; c'est-à-dire « le corps à la terre, et l'esprit à la matière éthérée... »

Bossuet cite les écrits de Grotius où celui-ci entre en dispute avec le ministre Rivet, et justifie l'Église romaine. « Lorsqu'on lui objectait ces premiers écrits, il répondait : « Qu'il ne fallait pas s'étonner que son juge-« ment devint tous les jours plus sain et plus « pur, *defœcatius*, par l'âge, par les confé-« rences avec les habiles gens, et par la lec-« ture assidue. »

Puis Bossuet appuie sur le contraste qu'il trouve entre ce redressement et les paroles de Grotius, d'après lesquelles, autrefois, il faisait « de la religion une politique » : « Chaque particulier est juge de sa religion : l'Église décide de la foi de l'Église même; mais pour la foi de l'Église, qui est publique, personne n'en peut juger que celui qui a tout le droit public en sa puissance, c'est-à-dire le prince. »

Que l'on compare le *Contrat Social* de Rousseau : « Chacun peut avoir, au surplus, telles opinions qu'il lui plaît, sans qu'il appartienne au souverain d'en connaître ; car comme il n'a point de compétence dans l'autre monde, quel que soit le sort des sujets dans la vie à venir, ce n'est pas son affaire, pourvu qu'ils soient bons citoyens dans celle-ci. » C'est après la lutte que Bossuet avait engagée au sujet du *Quiétisme*, que Fénelon vit ses *Maximes des Saints* condamnées par le Saint-Siège, mais ce n'est qu'après que l'on eût publié à son insu le *Télémaque*, qu'il fut exilé par le roi.

En 1669, Bossuet fut nommé au lointain évêché de Condom, qu'il laissa l'année suivante, choisi par le roi pour être précepteur du Dauphin.

C'est pour le Dauphin que fut composé l'immortel *Discours sur l'Histoire universelle*, paru en 1681, dont le titre se complète ainsi : « à Monseigneur le Dauphin, pour expliquer la suite de la religion et les changements des Empires. » La troisième édition fut corrigée par Bossuet en 1701, c'est-à-dire presque à la fin de sa mémorable existence, puisqu'il mourut le 12 avril 1704.

Il passa ses derniers mois à traduire les psaumes, et publia même une explication du *Psaume XXI*, que le P. de La Rue, prononçant son oraison funèbre, le 24 avril, appelle « le dernier soupir de son éloquence mourante ».

Ce P. de La Rue a dans ses sermons des saillies qui sont de nos jours encore, nous n'osons pas dire de tout point actuelles, mais tout de même un peu en rapport avec ce que nous voyons.

Dans une édition de 1751, d'un sermon sur l'Aumône, nous rencontrons : « Le monde périt, votre idole, à qui vous portez votre encens. Il vous paraît florissant, rayonnant d'honneur et de gloire, il regorge de biens, il est tout d'or : et c'est par là même qu'il périt, qu'il est accablé tous les jours par de nouvelles misères. Ignorez-vous que votre luxe, en rendant le siècle plus brillant, sape les fondements de l'ordre et du repos public ; que le faste qui règne, est la dépouille des pauvres ; que les pauvres dépouillés par votre cupidité, se vengeront de vos cruautés en surfaisant le prix des vivres et de leur travail, et qu'ainsi tout étant porté par les riches, et par les pauvres hors de mesure, et de raison : c'est une nécessité que ce monde orgueilleux, pompeux, tombe de malheur en malheur sous le poids de sa pompe, et de son orgueil, et que le veau d'or aille en poudre. »

Ce n'est que cinq années après ce discours que, les guerres du siècle ayant avancé la débacle, la superbe orfèvrerie de la Cour de Versailles fut fondue pour battre monnaie, et remplacée par des faïences de Rouen.

On trouve là, en passant, une preuve de plus que ces prédicateurs parlaient de façon très objective, et s'adressaient, aussi bien qu'au leur, aux siècles à venir ; c'est pourquoi leurs sentences nous paraissent encore, maintenant, de vivantes prophéties. « Tout étant porté hors de mesure, et de raison » : Même un lecteur de notre siècle qui tombe par hasard sur un tel sermon ne peut manquer de s'arrêter, méditativement sur ces mots.

Ainsi, la France fut privée à 4 heures, le matin du 12 avril 1704, du plus grand orateur de la chrétienté, alors que sommeillaient paisibles, au lieu de le veiller, ses deux neveux et l'abbé Ledieu, son secrétaire et son confident de tous les âges. Le cardinal de Bausset dans son Histoire de Bossuet retrace ses derniers moments. L'abbé Ledieu dans son Journal nous en donne aussi les détails.

Et quelle observation troublante pour tous que le souvenir d'une si resplendissante vitalité éteinte simplement comme les autres. Il ne resta plus qu'à graver sur la pierre tombale : « *Hic quiescit resurrectionem expectans, Jacobus Begninus Bossuet, episcopus Meldensis*..... »

* *

Cette rapide biographie une fois tracée, notre tâche commence. Et d'abord Bossuet est-il l'auteur, comme on lui reproche, de la Révocation de l'Édit de Nantes ?

Évidemment non ! M. de Harlay, Madame de Maintenon et toute la cour y prirent une assez grande part. Bossuet devait-il user de sa grande influence pour éviter les collisions sanglantes des Cévennes et que les prisons ne regorgeassent de « fanatiques » ? S'il eut vécu au xx⁰ siècle, la question ne se fût pas posée ! Déjà une lettre d'alors d'un ministre protestant, Dubourdieu, atteste sa modération envers les protestants.

En 1683, une réunion clandestine de ministres à Toulouse avait été suivie de mouvements séditieux en Languedoc, en Vivarais et en Dauphiné. Cela contribua-t-il à rendre possible, plus tard, le malheureux édit de révocation ?

Quoi qu'il en soit, il faut se rendre compte qu'en 1657 seulement avait paru un édit de Louis XIV qui conférait quelques privilèges aux juifs de Metz, seule ville, au reste, où ils pussent jouir d'une condition juridique, relégués, il est vrai, dans un quartier de la ville et astreints à ne sortir que coiffés d'un chapeau jaune.

Ceci pour montrer les contraintes de cette époque envers ceux qui n'adoptaient pas la religion d'État.

Qu'on relève d'ailleurs la fin du *Contrat Social* de Rousseau et on le trouvera inexorable à l'égard de ceux qui n'adoptent pas la religion d'État.

Il est troublant de voir Rousseau, qui désire, par ailleurs, que dans le pacte social « chacun, s'unissant à tous, n'obéisse pourtant qu'à lui-même et reste aussi libre qu'auparavant » nous déclarer à propos de « l'existence de la divinité puissante, intelligente, bienfaisante, prévoyante et pourvoyante, la vie à venir, le bonheur des justes, le châtiment des méchants, etc... » que « si quelqu'un, après avoir reconnu publiquement ces mêmes dogmes, se conduit comme ne les. croyant pas, qu'il soit puni de mort ; il a commis le plus grand des crimes, il a menti devant les lois ».

Assurément, en présence de la majesté d'un homme tel que Bossuet, si l'on envisage surtout la sublimité éclatante de son esprit : sa droiture, sa poésie, son lyrisme, la profondeur de ses observations politiques, tout cela s'accorde assez mal avec une imperfection que l'Histoire est obligée de relater. C'est avec surprise que l'on trouve, dans l'Oraison funèbre du chancelier Michel Le Tellier, la preuve que Bossuet, comme Fénelon d'ailleurs, a approuvé, glorifié même l'énergie du chancelier qui avait forcé des provinces à abjurer leur foi :

« Poussons jusqu'au ciel nos acclamations ! et disons à ce nouveau Constantin, à ce nouveau Charlemagne, ce que les six cents Pères de l'Église disaient autrefois dans le Concile de Chalcédoine : Vous avez affermi la foi, vous avez exterminé les hérétiques ; c'est le digne ouvrage de votre règne ! Roi du ciel, conservez celui de la terre! c'est le vœu de l'Église, c'est le vœu des évêques!

« Quand le pieux chancelier scella enfin cette révocation du célèbre Édit de Nantes, il s'écria qu'après ce triomphe de la foi et un si beau monument de la piété du roi, il n'avait plus qu'à mourir! C'est la dernière parole qu'il ait prononcée dans les fonctions de son ministère ! »

L'exégèse continuant son œuvre, la science, de l'Histoire des Religions allait bientôt naître et faire évoluer les esprits dans le sens d'une tout autre largeur de vue.

La faute de Bossuet n'est pas la sienne, elle est l'œuvre de son temps !

Qu'à propos de cette lacune dans sa carrière, nos contemporains ne commettent pas une irréparable erreur au détriment de leurs fils en les détournant des écrits du plus grand des écrivains français.

« Nos ingénieurs manquent de style au point d'être incapables de rédiger des rapports convenables », écrivait récemment un gros industriel : « Il me semble que la plupart des écrivains nouveaux manquent de culture philosophique et en général de culture » écrit, comme nous l'avons vu, Taine à Guyau en 1880.

Depuis, eut lieu, en 1902, une véritable destruction de nos traditions littéraires dans l'enseignement. C'en est assez, c'en est déjà trop!

A quelque profession que se destinent ses élèves, il n'est jamais permis à un maître de dénaturer ou de diminuer la valeur des grands classiques.

Il me souvient d'un professeur allemand, assez lettré par ailleurs, que je rencontrai un jour d'été dans le Valais. « Bossuet ce n'est rien, me dit-il, ses idées sont fausses et firent du mal. »

Peut-être! mais qui sait si les nôtres n'en feront pas davantage dans l'avenir ?

A ce sujet, il convient de citer une réflexion spirituelle de Brunetière : « Ce n'est pas, prétend-on à propos du Discours sur l'Histoire Universelle, la Providence mais la Fortune ou la Nécessité qui gouvernent le monde. J'admets ce dernier point, mais à condition que l'on reconnaisse aussi qu'un évêque et même un chrétien ne sauraient y souscrire sans renoncer à leur foi. Sur un problème dont les éléments sont au delà de notre portée, ils ont une opinion ou plutôt une croyance ; nous en avons une autre ; la leur est la meilleure pour eux comme la nôtre pour nous ; et ni les uns ni les autres nous n'en sommes hélas ! de plus grands philosophes. »

Voilà donc Bossuet qui apparaît comme la résultante de toutes les forces intellectuelles du grand siècle et qui fait siennes toutes les connaissances qu'un cerveau pouvait s'assimiler à son époque, les mathématiques peut-être exceptées. Ses écrits nous documentent sur les grands historiens de l'antiquité qu'il a traduits et relatés à chaque page ; ces mêmes écrits nous transcrivent les plus beaux poèmes de l'Écriture, nous donnent un aperçu général de l'histoire des nations anciennes dont la Grèce et Rome, et le tout écrit en une langue qu'aucun homme peut-être n'a su si majestueusement manier.

Il est historien entre Grégoire de Tours et Voltaire, ces devanciers d'Augustin Thierry et de Michelet ; il est lyrique autant que Chateaubriand ou Hugo ; il est philosophe comme saint Chrysostome ou saint Augustin, mais il est toujours et en tout Bossuet.

L'appellation d'aigle est très juste que la postérité lui garde. Dès que, considérable avocat, il vient défendre sa religion, ce sont deux grandes ailes qui battent et lui font aussitôt quitter le sol où il ne semble pas, d'ailleurs, respirer à son aise.

Fait-il de l'histoire, c'est encore en planant qu'il trace en lettres d'or et de soie les traits impérissables des grandes tragédies de l'humanité.

Il vit avec bonheur dans la contemplation des grandes figures qui sont ses ressemblances à travers les âges et il situe à leur place Charlemagne, Cyrus, Antoine, Auguste, Alexandre comme des montagnes sur les cimes desquelles il se pose pour considérer leur destinée, l'exécution de leurs desseins et la fragilité des avantages que leurs succès ont conférés à leurs peuples.

Quand il nous montre Alexandre mourant à trente-trois ans et son empire partagé par ses capitaines, il s'écrie : « Il y a un faible inséparablement attaché aux desseins humains ; et c'est la mortalité. Tout peut tomber en un moment par cet endroit-là ; celui qui sait conserver et affermir un État a trouvé un plus haut point de sagesse que celui qui sait conquérir et gagner des batailles. »

Voilà ce que tous les professeurs allemands que nous pouvions coudoyer dans nos voyages, auraient pu enseigner à leurs enfants et surtout à leurs princes, afin qu'ils l'inscrivissent et le lussent toute leur vie.

Ce passage eut été de lecture non moins féconde pour leur empereur qui, en 1914, s'était fait déjà réserver un appartement à Meaux, non loin sans doute de l'endroit où Bossuet a gravé pour la postérité : « Celui de qui relèvent tous les empires, à qui seul appartient la gloire, la majesté et l'indépendance est aussi le seul qui se glorifie de faire la loi aux rois et de leur donner quand il lui plaît de grandes et de terribles leçons. »

Dans *Grandeur et Décadence des Romains*, Montesquieu s'est presque laissé guider par Bossuet. M. Lançon prétend qu'il a pris cinquante pour cent du chapitre qui a trait aux Romains. Il est vrai que Charron dans son livre *De la Sagesse* a emprunté au moins un quart à Montaigne, que Molière, lui-même, dans *Les Fourberies de Scapin* a glané dans *Cyrano de Bergerac* et que Musset a absous d'un mot ces illustres copieurs : « C'est imiter quelqu'un que de planter des choux ! »

Et Voltaire, qui a souvent utilisé ailleurs, pour la traduire dans ses vers, la belle prose de Massillon, lorsqu'il travaille à un *Essai sur l'Histoire générale* pour Madame la Mar-

quise du Châtelet, le commence à Charlemagne parce qu'il n'ose toucher « à ce qui
avait été traité par le grand Bossuet ».

Quelle influence a exercé sur les plus
grands esprits celui que Voltaire appellait
« l'éloquent Bossuet », que La Bruyère nommait
« un Père de l'Église », de qui Jules Lemaître
disait « il fut le plus éloquent des hommes » et
que Richepin, pour étonnant que cela puisse paraître, a cité dans une conférence aux *Annales*
comme le grand auteur où il se plaisait toujours
à puiser le meilleur suc de sa langue.

Ah ! certes non ! il ne faudrait pas que
sous prétexte de spécialiser trop tôt nos
enfants, on leur desséchât l'esprit avec les
seules mathématiques sans leur communiquer
au moins un peu de cette philosophie ailée,
de cette fantaisie poétique, de cette érudition charmeuse qui nous a fait faire, de
tout temps, la conquête intellectuelle de si
nombreux étrangers qui aiment de la France
son caractère primesautier si coloré et si divers.
Que la France demeure l'aristocratie du Monde !

*
* *

Il n'est pas suffisant pour un jeune homme
d'avoir su, enfant précoce, mesurer le premier

en physique, les résistances au Pont de Wheastone, en mathématiques, connaître les règles du calcul différentiel et du calcul intégral, séparer même deux ou trois sels en chimie si une partie de son intelligence ainsi développée, sa mémoire meublée de formules et de nombres, il n'a trouvé personne pour lui former l'esprit et le cœur ! Hedda Gabler, héroïne d'un drame d'Ibsen se suicide dès qu'elle a reconnu que son mari est un spécialiste et rien autre chose.

Descartes, Newton et Lagrange ont trouvé la racine des équations des degrés supérieurs ; mais à côté de leur mathématique ils furent des êtres moraux : ils pensaient. Nous pouvons leur appliquer le mot de l'anglais Huxley : « Les grandes œuvres accomplies par les philosophes ont été moins le fait de leur intelligence que de la direction imprimée à cette intelligence par un esprit éminemment religieux. »

Éduquer et déformer sont deux choses. Il est certain que les connaissances techniques sont indispensables, essentielles et il est ridicule de compter à peine trois mille chimistes dans un grand pays alors que le pays voisin en peut recruter trente mille. Les

écoles professionnelles nombreuses et bien
dirigées sont un appoint vital pour un peuple.
Les laboratoires de toutes sortes doivent être
sans cesse munis des appareils les derniers
construits, les hôpitaux, les fabriques aussi
modernes quant à leur agencement que les
dernières trouvailles de la pratique le permettent, les chaires des universités occupées
par les plus savants professeurs que le pays
peut leur offrir.

Cependant un homme arrivera seulement
à être un grand spécialiste s'il s'est assoupli
l'esprit et s'il a formé son jugement à la lueur
de recherches différentes.

C'est par des comparaisons, des asso-
ciations d'idées, en utilisant telle ou telle
hypothèse audacieuse qu'un savant aiguillera
élégamment ses travaux.

Il y a une part d'imagination chez le
savant qui émet une hypothèse. Elle paraît
parfois un rêve, à ses débuts. Telle celle
d'Avogadro et d'Ampère : « Étant données
les mêmes conditions de température et de
pression, sous le même volume tous les gaz
renferment le même nombre de molécules. »
Quel progrès inouï a marqué pour les sciences
cette théorie atomique ! Malgré l'enseigne-

ment lumineux, dans nos chaires, des Dumas, des Würtz, des Friedel, les autres chimistes manquent de souplesse, se laissent flotter au gré de l'empirisme établi ; l'élite prend même une plume aiguë pour dénaturer la géniale conception atomique. Lugubre résultat : le pays qui adopte d'abord cette théorie, découvre sans cesse, crée et développe des industries immenses, l'autre la combat longtemps et végète puis, lorsqu'il la reconnaît enfin, il est trop tard.

Instruits de ces errements du passé, efforçons-nous de moraliser et d'assouplir l'esprit tout en formant scientifiquement les jeunes. Ne faire toute sa vie qu'un seul mouvement de gymnastique serait insensé. Le corps deviendrait difforme. Cela se voit d'ailleurs !

Et nous irons plus loin: pour un spécialiste qui réussit dans sa carrière, à côté de ses pures expériences professionnelles, il a, comme tous les hommes, d'autres connaissances à réunir avant de vaincre les difficultés générales qui surgissent dans toutes les entreprises. Elles forment bien les six dixièmes des embûches que la vie le contraint de franchir.

Il est, à la suite de cela, de première importance d'accoutumer tout jeune l'enfant à réfléchir et d'exercer son cerveau par des oscillations fécondes de sa pensée.

L'imagination n'est pas toujours que de la mémoire comme l'affirme de façon trop exclusive Lamartine.

Notre éducation est plus compliquée qu'autrefois disent les fabricants de ces programmes qui épuisent l'étudiant. C'est entendu ; mais le bon sens, le goût, la mesure, l'art, l'honnêteté doivent, avant toutes choses, être inoculés à l'enfant ; ils sont de mise en tous les temps !

Il est de mode présentement de faire campagne pour toutes sortes de réformes :

En droit constitutionnel d'abord. Mais numéroter différemment deux ou trois articles de la Constitution n'auront en rien changé les préjugés et les habitudes.

En politique, on modifie le système électoral. Si cela arrive à corriger les mœurs, c'est bien. Autrement ce sera *to beat about the bush* comme l'expriment les Anglais.

Nous ne voulons pas prétendre qu'il soit facile de façonner les cerveaux de telle sorte que, dans les facultés, les professeurs cessent d'être jaloux l'un de l'autre, souvent avec la même mesquinerie que, dans une petite ville, deux commerçants concurrents ; que, dans les grandes écoles, des brimades odieuses ne soient plus ; que la vénalité, le mercantilisme se montrent en décroissance comme aussi l'alcoolisme, ce fléau de certains départements, cette tare de tous, en tout cas. Et, que penser des procédés indignes, des farces préjudiciables, sournoises, dont usent l'un envers l'autre de trop nombreux ouvriers des teintureries, des ateliers de mécanique et des autres....! Et que penser enfin des dix mille divorces annuels d'une grande ville! Tout cela n'est vraiment pas beau!

Oh! vous voulez vous mettre en quête de réformes ? Faites tout d'abord que la vie ne soit pas partout un enfer.

En art, vous n'eussiez pas fait fortune de présenter comme une découverte le cubisme ou les extravagances modernes à Fénelon qui, sitôt qu'il était libre, faisait un saut à l'atelier de Mignard.

Où trouver plus de richesses que dans ces trois orateurs qui furent les prédicateurs du grand Roi ?

Bossuet peint avec toute sa puissance d'imagination. C'est un apôtre qui fait revivre l'Écriture et les Pères. Bourdaloue raisonne et beaucoup d'idées qui passent aujourd'hui pour très avancées étaient émises par lui du haut de sa chaire. Massillon, c'est déjà l'éloquence philosophique douce et insinuante. Descartes inspire sa pensée.

Croit-on qu'Élisée Reclus ait inventé cette réflexion où il n'accorde le superflu à aucun homme tant que tous n'auront pas le nécessaire ?

Et Proudhon qui, il faut le lui accorder, raisonne serré, dans le chapitre de son livre *Sur la Propriété* où il s'efforce de démontrer « que l'inégalité des facultés est la condition nécessaire de l'égalité des fortunes », savait bien qu'avant lui beaucoup d'autres comme Bourdaloue avaient souhaité que « les riches, par l'abandon de leur superflu, rétablissent une espèce d'égalité entre eux et les pauvres ».

Dans le *Petit Carême* de Massillon les sentences abondent que le jeune Louis XV a entendues : « Vous ne commandez pas à des esclaves, vous commandez à une nation libre... Vous êtes le maître de la vie et de la fortune de vos sujets ; mais vous ne pouvez en disposer que selon les lois. » Et encore : « Oui, Sire, il faut être utile aux hommes pour être grand dans l'opinion des hommes... Tout ce qui rend l'autorité injuste et odieuse l'énerve et la diminue. »

Photo Goupil

« C'est la loi, Sire, qui doit régner sur les peuples. Vous n'en êtes que le ministre et le premier dépositaire. »

A pénétrer la psychologie de ces merveilleux orateurs, on comprend avec plus d'aisance comment, deux siècles plus tard, leurs idées amplifiées et dépassées, un professeur de droit de Bordeaux, M. Duguit, ait pu affirmer dans deux volumes, que l'État n'existe pas. Théorie d'ailleurs que la Faculté de Paris estime dangereuse, partant fausse, comme tout ce qui est dangereux en droit administratif.

Comparant les données immuables des sciences avec les faits fortuits, uniques de l'Histoire, Henri Poincaré écrit dans une de ses préfaces qu'il nous est indifférent que Jean sans Terre ait passé sur tel pont puisqu'il n'y passera plus. C'est entendu qu'il n'y passera plus mais n'existe-t-il point de lois dans l'Histoire considérée comme science ? Des ouvrages en essaient la démonstration : celui de Lacombe, entre autres, où nous lisons que « sans l'Histoire l'érudition serait une chose assez vaine ».

Les batailles très modernes ont lieu aux mêmes endroits, sur les mêmes rivières, derrière les mêmes montagnes que les batailles du passé.

La tactique des poches, des tenailles sub- siste toujours dans les combats de même que, dans une région donnée, un lièvre mené par des chiens suit un chemin identique au chemin suivi par ses devanciers dans la même région. Une troupe de sangliers fuit en passant par les mêmes endroits que la troupe qui fuyait là cinquante ans auparavant.

Le soleil qui au xviie siècle scintillait à travers les cèdres, les bouleaux, les platanes est le même que celui qui, aujourd'hui, à tra- vers les mêmes arbres, fait dégager l'arome combiné des résines, du bois vert et des feuilles que la brise odorante de l'été nous transmet.

La méthode de travail aussi pourrait être la même que celle qui a fait éclore Descartes, Gassendi, Malebranche et la légion d'artistes avec laquelle, suivant l'abbé Maury « Louis se présente aux regards de la postérité » ? Que ce livre, en tout cas, soit comme la brise, messagère au travers des beaux arbres, qui apporte en passant l'écho de ces génies.

Le rayonnement de la France ne résulte pas des spécialisations prématurées ; ce sont surtout nos immortels penseurs qui ont rendu invincible la sympathie du monde pour notre peuple : c'est Rabelais, c'est Bossuet, c'est Rousseau, c'est Vigny, c'est tous les grands et jusqu'aux très humbles qui se sont imprégnés de ces grands-là.

** **

Écoutons Bossuet parlant de la Grèce : « Le plus renommé des conquérants regardait Homère comme un maître qui lui apprenait à bien régner. Ce grand poète n'apprenait pas moins à bien obéir et à être bon citoyen. Lui et tant d'autres poètes dont les ouvrages ne sont pas moins graves qu'ils sont agréables ne célèbrent que les arts utiles à la vie humaine, ne respirent que le bien public, la patrie, la société, et cette admirable civilité que nous avons expliquée. »

Parfaitement, les grands poètes enseignent tout cela en pétrissant le cerveau des jeunes — et aussi des adultes. « Si vous voulez être éloquents, lisez les poètes », disait M° Barboux aux jeunes avocats.

Seulement, il n'y a pas que les jeunes avocats qui aient besoin d'être éloquents ! Dans toutes les fonctions de l'existence, l'homme éloquent se distingue des autres. L'éloquence, c'est le levier le plus puissant, l'arme qui ne manque jamais. Me Barboux aurait pu citer ce mot d'un illustre poète : « La poésie, cette fleur de l'âme, est le resplendissement de la vérité. »

La poésie, en effet, nous découvre souvent, d'un coup d'aile, la vérité alors que parfois la science pourrait nous égarer si on lui assignait un rôle autre que le sien.

N'est-ce pas ce qu'on a fait de nos jours lorsque les laboratoires ont servi, sans qu'ils fussent à cela destinés, de tremplin aux doctrines matérialistes ?

Il n'y a aucun rapport entre l'évolution des sciences et la destinée des mondes. Tous les sentiments religieux, s'ils ne servaient même qu'à créer la morale chez tous suffiraient amplement déjà à la perfection de leur tâche.

En somme, que nous importe chez les savants de tous genres, la forme de leurs sentiments religieux ?

C'est un prêtre qui dirige l'observatoire de Bourges ; le grand Flammarion est croyant, l'illustre Curie sympathisait, dit-on, avec les spirites. Ehrlich est protestant.

Et M. Bergson qui publie *l'Énergie spiri-*

tuelle est-il moins philosophe parce qu'il n'est pas athée ? M. Boutroux est-il moins érudit quand il sort de l'église Saint-Honoré d'Eylau ?

Non, il faut séparer les religions des sciences appelées exactes, car en quel sens auraient nui à leur rayonnement scientifique telles ou telles croyances religieuses qui consolaient et guidaient Copernic, Galilée, Huyghens, Leibnitz, Arago, d'Alembert ou Pasteur ?

Revenons à l'éloquence : parmi les savants qui viennent d'être cités on relira plus tard, de préférence, ceux dont la plume ailée aura le plus élégamment expliqué leurs recherches. Arago a-t-il mieux écrit que Pasteur ? Dumas ou Berthelot que Friedel ou Boussingault ? Ainsi pourrait-on déjà pronostiquer ceux qui survivront dans la sympathie des amateurs de bibliothèques et de recherches fécondes. Ceux-là qui surent écrire seront le plus facilement consultés. Claude Bernard n'est-il pas déjà un exemple de cette assertion ?

Ce sera toujours un plaisir que de lire les cours de Dumas au Collège de France, bien qu'ils datent du début de l'autre siècle. On parcourra sans cesse avec intérêt les conclusions de Berthelot qui sont très littéraires et très larges. Qu'on revoie, pour n'en citer qu'un, son *Traité des matières explosives.*

Il est donc essentiel de perpétuer dans toutes les écoles et les chaires de France le souvenir du plus éloquent des érudits du grand siècle, de l'athlète acharné dont les écrits sont si nombreux qu'une édition en quarante-trois volumes in-8° fut commencée à Versailles en 1815. C'est, dans notre littérature, l'œuvre la plus considérable après celle de Voltaire et celle de Hugo.

L'édition de Besançon de 1836 en douze volumes, dans le format grand in-8°, à deux colonnes est faite soigneusement d'après celle de M. Lebel à Versailles. Et pour faire quelque comparaison entre le labeur fourni par trois grands hommes : dans ce même format les œuvres complètes de Massillon ne forment que deux volumes et celles de Bourdaloue trois volumes.

Avant l'édition de Versailles, les bénédictins des Blancs-Manteaux, qui étaient alors en possession des manuscrits de Bossuet, avaient chargé l'abbé Le Queux et dom Déforis de donner une édition complète de Bossuet.

L'abbé Le Queux mourut malheureusement en 1768 et dom Déforis dut continuer seul ;

seulement, l'assemblée du clergé de 1780 ayant élevé des réclamations très vives contre l'esprit de secte qui animait ce bénédictin dans ses notes et ses préfaces, il fut obligé d'interrompre son travail. Dom Déforis, victime de la Révolution, fut éxécuté le 25 juin 1794.

Quel intérêt cela a-t-il pour nous que Bossuet ait été ou non un enfant prodige et que nous lisions dans une biographie : « On sait les exploits qui signalèrent en lui dès l'abord, un de ces princes de la jeunesse, l'ange de l'école, un de ces élus qui font miracle par un don de nature » ou dans Lamartine : « L'enfant dépassait de nature tous ses égaux d'années. Maîtres et condisciples ne le mesurèrent bientôt qu'à lui-même. On n'envie que ce qu'on espère égaler, » ou dans Brunetière : « Comme il ne fut point de ces enfants prodiges et que ses premiers maîtres lui reconnurent plus de patience que de génie, nous passerons rapidement sur ses années de jeunesse. »

Il est vrai que dans le même ouvrage Brunetière, parlant de Despréaux, écrit : « Il n'a pas possédé davantage, comme Bossuet ou comme Bourdaloue, cette expérience de la confession qui peut parfois suppléer à l'expérience directe et personnelle de la vie » ; puis quelques pages plus loin « il ne semble pas non plus que, comme Bourdaloue, Bossuet ait beaucoup confessé ». De sorte que nous n'avons point à nous arrêter sur ces considérations secondaires, et mal connues des biographes : Bossuet a-t-il été un enfant prodige? Bossuet a-t-il beaucoup confessé ?

En tout cas nulle part nous n'avons lu sur l'Aigle de Meaux ce qu'écrit un littérateur à propos de Lamennais écolier : « Plus on essayait de lui prouver la nécessité de l'étude, plus il cultivait la paresse, plus il s'obstinait dans l'ignorance. »

*
* *

Que Bossuet ait donc plus ou moins appris à connaître les hommes — c'est parfois un grand privilège que de pouvoir les fréquenter peu — nous constatons néanmoins qu'il avait atteint à cette puissance de persuasion qu'il octroie à l'apôtre saint Paul dans le célèbre panégyrique : « Il poussera encore plus loin ses conquêtes ; il abattra aux pieds du Sauveur la majesté des faisceaux romains en la personne du proconsul, et il fera trembler dans leurs tribunaux les juges devant lesquels on le cite. »

Et plus loin : « Une puissance surnaturelle, qui se plaît à relever ce que les superbes méprisent, s'est répandue et mêlée dans l'auguste simplicité de ses paroles. »

Veut-on surprendre Bossuet en pleine poésie ? qu'on lise donc son *Traité de la concupiscence* : « Je me suis levé pendant la nuit avec David pour voir les cieux qui sont les ouvrages de vos doigts, la lune et les étoiles que vous avez fondées. Qu'ai-je vu, ô Seigneur, et quelle admirable image des effets de votre lumière infinie ! Le soleil s'avançait, et son approche se faisait connaître par une céleste blancheur qui se répandait de tous côtés ; les étoiles étaient disparues, et la lune s'était levée avec son croissant, d'un argent si beau et si vif, que les yeux en étaient charmés. » Le voilà bien votre aïeul en descriptions poétiques, Chateaubriand, Barrès, Loti !

Ou encore que l'on parcoure ses derniers sermons : « L'honneur du monde, mes frères, c'est cette grande statue que Nabuchodonosor veut que l'on adore. Elle est d'une hauteur prodigieuse, parce que rien ne paraît plus élevé que l'honneur du monde. Elle est toute d'or, parce que rien ne semble ni plus riche, ni plus précieux.

« Toutes les langues et tous les peuples adorent cette statue ; tout le monde sacrifie à l'honneur : et ces fifres, et ces trompettes, et ces hautbois, et ces tambours qui résonnent autour de la statue, n'est-ce pas le bruit de la renommée ? ne sont-ce pas là les applaudissements et les cris de joie qui composent ce que les hommes appellent la gloire ?

« Parais donc ici, ô honneur du monde, vain fantôme des ambitieux et chimère des esprits superbes ; je t'appelle à un tribunal où ta condamnation est inévitable. Ce n'est pas devant les Césars et les princes, ce n'est pas devant les héros et les capitaines que je t'oblige de comparaître ; comme ils ont été tes adorateurs, ils prononceraient à ton avantage. Je t'appelle à un jugement où préside un Roi couronné d'épines, que l'on a revêtu de pourpre pour le tourner en ridicule, que l'on a attaché à une croix pour en faire un spectacle d'ignominie : c'est à ce tribunal que je te défère ; c'est devant ce Roi que je t'accuse. »

N'oublions pas que c'est un prêtre qui parle et qui fait un sermon, sermon inimitable d'ailleurs quant à la forme et quant à la philosophie.

C'est un peu ce qu'exprime Vigny dans ces vers :

« A voir ce que l'on fut sur terre et ce qu'on laisse,
Seul le silence est grand, tout le reste est faiblesse. »

et aussi Victor-Hugo :

« Toutes les choses de la terre,
Gloire, fortune militaire,
Couronnes éclatantes des rois,
Victoires aux ailes embrasées,
Ambitions réalisées,
Ne sont jamais sur nous posées,
Que comme un oiseau sur nos toits. »

A côté du prêtre, le précepteur du Dauphin, le politique sait de même avoir le coup d'œil qui accomplit à merveille son autre tâche. Il examine ainsi les mœurs de Rome : « Les louanges étaient précieuses, parce qu'elles se donnaient avec connaissance ; le blâme piquait au vif les cœurs généreux, et relevait les plus faibles dans le devoir. Les châtiments qui suivaient les mauvaises actions tenaient les soldats en crainte, pendant que les récompenses et la gloire bien dispensée les élevaient au-dessus d'eux-mêmes.

« Qui peut mettre dans l'esprit des peuples la gloire, la patience dans les travaux, la grandeur de la nation, et l'amour de la patrie, peut se vanter d'avoir trouvé la Constitution d'État la plus propre à produire de grands hommes. »

On vante l'éloquence de Tite-Live ; nous n'avons, avec Bossuet, rien, il semble, à envier aux Latins.

Son style comme celui de Molière, comme souvent celui de Hugo est conçu pour être parlé. L'oreille y trouve une cadence et une harmonie qu'elle n'oublie jamais plus.

C'est comme un bâti solide que l'on fixe en son esprit, un rythme distingué qui est en nous-mêmes une mesure unique pour former notre langue et notre diction.

On dit que le théâtre de Corneille est une école de grandeur d'âme. Quelle école que les maximes de Bossuet ! Ne peut-on, à quelque confession que l'on appartienne, être intéressé par de telles pensées :

« Toutes nos passions sont des flatteuses, nos plaisirs sont des flatteurs, surtout notre amour-propre est un grand flatteur qui ne cesse de nous applaudir ; et tant que nous écouterons ce flatteur caché, jamais nous ne manquerons d'écouter les autres, car les flatteurs du dehors, âmes vénales et prostituées, savent bien connaître la force de cette flatterie intérieure. C'est pourquoi ils s'accordent avec elle ; ils agissent de concert et d'intelligence ;

ils s'insinuent si adroitement dans ce commerce de nos passions, dans cette complaisance de notre amour-propre, dans cette secrète intrigue de notre cœur, que nous ne pouvons nous tirer de leurs mains ni reconnaître leur tromperie. »

Et Bossuet continue dans ce *Sermon sur le respect dû à la vérité :* « Quelle honte et quelle faiblesse que nous voulions tout connaître excepté nous-mêmes ; que les autres sachent nos défauts, qu'ils soient la fable du monde, et que nous seuls ne les sachions pas ! »

Que dire des Sermons de Bossuet ? Quelle rapidité dans la conception, quelle profondeur de pensée et quelle aisance pour associer ces périodes qui roulent parfois comme les eaux d'une cataracte ! Mais que de facettes qui miroitent dans ces brillants chefs-d'œuvre ! Leur éclat se perpétuera comme le monde : ils ne passeront point.

S'il décrit un revers de fortune dans le *Sermon sur l'ambition*, voici son style : « Tous ceux qui verront ce grand changement diront en levant les épaules, et regardant avec étonnement les restes de cette fortune ruinée : Est-ce là que devait aboutir toute cette grandeur formidable au monde ? Est-ce là ce grand arbre dont l'ombre couvrait toute la terre ? Il n'en reste plus qu'un tronc inutile ; est-ce là ce fleuve impétueux qui semblait devoir inonder toute la terre ? Je n'aperçois plus qu'un peu d'écume. O homme que penses-tu faire ? Et pourquoi te travailles-tu vainement ?

« Mais je saurai bien m'affermir et profiter de l'exemple des autres ; j'étudierai le défaut de leur politique et le faible de leur conduite, et c'est là que j'apporterai le remède. Folle précaution, car ceux-là ont-ils profité de l'exemple de ceux qui le précèdent ? O homme, ne te trompe pas, l'avenir a des événements trop bizarres, et les pertes et les ruines entrent par trop d'endroits dans la fortune des hommes, pour pouvoir être arrêtées de toutes parts. Tu arrêtes cette eau d'un côté, elle pénètre de l'autre, elle bouillonne même par-dessous la terre. Vous croyez être bien muni aux environs, le fondement manque par en bas, un coup de foudre frappe par en haut. »

Puis le prédicateur se concentre en lui-même : « Afin, dit saint Grégoire, que les grands rendent leur puissance salutaire, il faut qu'ils sachent ce qu'ils peuvent ; mais afin qu'ils ne s'élèvent pas, il faut qu'ils ignorent ce qu'ils peuvent : *Ut prodesse debeat, posse se sciat; et ut extolli non debeat, posse se nesciat.* Toute puissance vient de Dieu ; donc elle doit être ordonnée. L'ordre ! que ce soit pour le bien, autrement nul ordre, de faire tant de différence entre de la boue et de la boue.

« Nous lisons dans le second livre des chroniques une belle cérémonie qui se pratiquait dans le sacre des rois de Juda. Au jour qu'on les oignait de l'huile sacrée, ainsi que Dieu l'avait commandé, on leur mettait en même temps le diadème sur la tête et la loi de Dieu dans la main : *Imposuerunt ei diadema, et dederunt, in manu ejus tenendam legem, et constituerunt eum regem :* afin de leur faire entendre que leur puissance est établie pour affermir le règne de Dieu parmi les hommes, que l'exécution de ses saintes lois ne leur doit être ni moins chère ni moins précieuse que leur couronne. »

N'oublions pas que ce sermon fut prêché à la cour, le quatrième dimanche de Carême et rappelons la citation latine de son début : « *Jesus ergo cum cognovisset quia venturi essent ut raperent eum et facerent eum regem, subiit iterum in montem ipse solus.* Jésus ayant connu que tout le peuple viendrait pour l'enlever et le faire roi, il s'enfuit à la montagne tout seul. (Joan., VI. 15).

Ainsi nous goûterons mieux le ravissant esprit qui préside à un tel sermon :

« Le vulgaire appelle majesté une certaine prestance et une pompe extérieure qui l'éblouit ; mais les sages savent bien comprendre que la majesté est un éclat qui rejaillit principalement de la justice, et nous en voyons un bel exemple dans l'histoire du roi Salomon, dont vous ferez, s'il vous plaît, l'application à nos cours. Ce prince jeune et bien fait s'assit, dit l'Écriture, dans le trône du Seigneur en la place de David son père, et il plut à tous. Voyez en passant, Messieurs, que le trône royal appartient à Dieu, et que les rois ne le remplissent qu'en son nom ; mais revenons à Salomon. Voilà un prince agréable, qui gagne les cœurs par sa bonne mine et sa contenance royale ; mais après qu'il eût rendu ce jugement mémorable, écoutez ce qu'ajoute le texte sacré. « *Tout Israël,* « dit la même écriture, apprit le beau juge- « ment que le roi avait rendu, et ils crai- « gnirent le roi, voyant que la sagesse était « en lui. » Les bons respirent sous sa protection, les méchants appréhendent ses yeux et son bras ; et il résulte de ce beau mélange une certaine révérence qui a je ne sais quoi de religieux, et dans laquelle consiste le véritable caractère de la majesté. »

Dans l'histoire littéraire du monde il est peu de poètes capables de tels accents.

Ouvrons un *Sermon* prêché à Metz *pour la Fête de la Circoncision de Notre-Seigneur* : « Comme nous avons quelques inclinations qui nous sont communes avec les animaux, et qui ressentent tout à fait la bassesse de cette demeure terrestre dans laquelle nous sommes captifs : aussi certes en avons-nous d'autres d'une nature plus relevée, par lesquelles nous touchons de bien près aux intelligences célestes qui sont devant le trône de Dieu, chantant nuit et jour ses louanges. Les bienheureux esprits ont deux merveilleux mouvements : car ils n'ont pas plutôt jeté les premiers regards sur eux-mêmes que, reconnaissant aussitôt que leurs lumières sont découlées d'une autre lumière infinie, ils retournent à leur principe d'une promptitude incroyable, et cherchent leur perfection où ils trouvent leur origine. »

C'est la même pensée qui trouble Pascal lorsqu'il aperçoit l'homme si grand et si petit. C'est ce qu'a bien exprimé Lamartine :

« Borné dans son pouvoir, infini dans ses vœux
L'homme est un dieu tombé qui se souvient des cieux. »

Et dans le même sermon parcourons encore cet alinéa très religieux : « Ah ! disciples encore ignorants, et vous mère mal avisée, ce n'est pas là ce que vous prétendiez : vous demandiez de vaines grandeurs, on ne vous parle que de bassesse. Mais mon Sauveur l'a fait de la sorte, afin de nous insinuer doucement, par le souvenir de sa Passion, que notre roi était un roi pauvre ; qu'il descendait sur la terre, non pour se revêtir des grandeurs humaines, mais pour nous apprendre par son exemple à les mépriser ; et que comme c'était par sa Passion qu'il devait monter sur son trône, aussi est-ce par les souffrances que nous pouvons aspirer aux honneurs de son royaume céleste. C'est ici, c'est ici, chrétiens, où après vous avoir exposé les divers sentiments des hommes touchant la royauté de Jésus, j'aurais à demander à Dieu la langue d'un séraphin, pour vous exprimer dignement les sentiments de Jésus lui-même. »

Et pour montrer la souplesse, le coloris, la vivacité intellectuelle de l'orateur regardons cet autre passage du même discours : « Certes je ne craindrai pas de le dire : ce ne sont ni les palais, ni la pourpre, ni les richesses, ni les gardes qui environnent le prince, ni cette longue suite de grands seigneurs, ni la foule des courtisans qui s'empressent autour de sa personne ; non, non, ce ne sont pas ces choses que j'admire le plus dans les rois. Mais quand je considère cette infinie multitude de peuples qui attend de leur protection son salut et sa liberté ; quand je vois que dans un État policé, si la terre est bien cultivée, si les mers sont libres, si le commerce est riche et fidèle, si chacun vit dans sa maison doucement et en assurance : c'est un effet des conseils et de la vigilance du prince ; quand je vois que, comme un soleil, sa munificence porte sa vertu jusque dans les provinces les plus reculées, que ses sujets lui doivent les uns leurs honneurs et leurs charges, les autres leur fortune ou leur vie, tous la sûreté publique et la paix, de sorte qu'il n'y en a pas un seul qui ne doive le chérir comme son père ; c'est ce qui me ravit, chrétiens, c'est en quoi la majesté des rois me semble entièrement admirable. »

Si nous continuons à tirer de cette mine les matériaux précieux, prenons ces extraits du *Sermon sur l'utilité des souffrances :* « Saint-Thomas, voulant nous décrire ce que c'est qu'un bon entendement, et quel est l'homme bien sensé, dit que c'est celui dont l'esprit est disposé comme une glace nette et bien unie, où les choses s'impriment telles qu'elles sont, sans que les couleurs s'altèrent, ou que les traits se courbent et se défigurent *In quo objecta non distorta, sed simplici intuitu recta videntur.* Qu'il y a peu d'entendements qui soient disposés de cette sorte ! que cette glace est inégale et mal polie ! que ce miroir est souvent terni, et que rarement il arrive que les objets y paraissent en leur naturel ! Mais il n'est pas encore temps de nous plaindre de nos erreurs : il en faut rechercher les causes ; et tous les sages sont d'accord que l'une des plus générales, ce sont nos préventions, nos vains préjugés, nos opinions anticipées.

« La raison, poursuit ce grand homme, doit s'avancer avec ordre et marcher, aller considérément d'une chose à l'autre ; si bien qu'elle a comme ses degrés par où il faut qu'elle passe avant que d'asseoir son jugement : mais l'esprit ne s'en donne pas toujours le loisir ; car il a je ne sais quoi de vif qui fait qu'il se hâte toujours et se précipite. Il aime mieux juger que d'examiner les raisons, parce que la décision lui plaît et que l'examen le travaille... il s'avance témérairement, il juge avant que de connaître. »

L'un de nos poètes eut aussi sévèrement à se plaindre du manque de jugement des hommes : c'est André Chénier, que l'on ne peut blâmer d'avoir laissé ces vers :

« Ramper est des humains l'ambition commune
C'est leur plaisir, c'est leur besoin ;
Voir, fatigue leurs yeux ; juger, les importune ;
Ils laissent juger la fortune
Qui fait juste celui qu'elle fait tout puissant. »

« L'honneur fait tous les jours et tant de bien et tant de mal dans le monde, qu'il est assez malaisé de définir quelle estime on en doit faire, et quel usage on doit lui laisser dans la vie humaine. S'il nous excite à la vertu, il nous oblige aussi trop souvent à donner plus qu'il ne faut à l'opinion...

« Nous mettons beaucoup d'honneur dans des choses vaines, dans la pompe, dans la parure, dans cet appareil extérieur. Nous en mettons dans des choses mauvaises ; il y a des vices que nous honorons ; il y a de fausses vaillances qui ont leur couronne, et de fausses libéralités que le monde ne laisse pas d'admirer. Enfin nous mettons de l'honneur dans des choses bonnes ; autrement la vertu ne serait pas honorée : par exemple, dans la vertu, dans la force et dans l'adresse d'esprit et de corps...

« C'est Dieu qui élève, c'est lui qui abaisse ; c'est lui qui donne la gloire, c'est lui qui la change en ignominie ; c'est lui qui prend Cyrus par la main, dit le prophète Isaïe, qui fait marcher la terreur devant sa face et la victoire à sa suite, qui le mène triomphant par toute la terre, et qui abaisse à ses pieds toutes les puissances du monde. C'est lui-même qui, au moment ordonné, arrête toutes ses conquêtes et le précipite du haut de cette superbe grandeur par une sanglante défaite...

« Sire, je désire d'une ardeur immense de voir croître par tout l'univers cette haute réputation de vos armes et de vos conseils ; et si ma voix se peut faire entendre parmi ces glorieuses acclamations, j'en augmenterai le bruit avec joie. Mais méditant en moi-même la vanité des choses humaines, qu'il est si digne de votre grande âme d'avoir toujours devant les yeux, je souhaite à votre Majesté un éclat plus digne d'un roi chrétien que celui de la renommée, une immortalité plus assurée que celle que promet l'histoire à votre sage conduite, enfin, une gloire mieux établie que celle que le monde admire. »

Pour ce magnifique *Sermon sur l'honneur*

que Bossuet a prêché devant le roi, saint Mathieu lui a fourni l'heureuse citation du début : *Omnia opera sua faciunt ut videantur ab hominibus.* Ils font toutes leurs œuvres dans le dessein d'être vus des hommes.

C'est tout l'ensemble de ces deux mille pages de *Sermons* qui, en littérature, formeront toujours le mets des penseurs délicats. Ils inspireront souvent les poètes à qui ils fournissent des matériaux utiles à leur renommée. Les grands politiques et les prédicateurs distingués les adopteront comme leur guide. Ils perpétueront les beautés de notre langue riche, colorée, expressive, majestueuse dans l'expression des pensées qui nous élèvent, mais simple toujours.

⁎ ⁎ ⁎

Dans son discours à l'Académie, Bossuet était le mieux placé des hommes pour présenter de si justes réflexions : « Mais, Messieurs, l'éloquence est morte, toutes ses couleurs s'effacent, toutes ses grâces s'évanouissent, si l'on ne s'applique avec soin à fixer en quelque sorte les langues, et à les rendre durables. Car comment peut-on confier des actions immortelles à des langues toujours incertaines et toujours changeantes ; et la nôtre en particulier pouvait-elle promettre l'immortalité, elle dont nous voyons tous les jours passer les beautés, et qui devenait barbare à la France même dans le cours de peu d'années ? Quoi donc ? la langue française ne devait-elle jamais espérer de produire des écrits qui pussent plaire à nos descendants ; et pour méditer des ouvrages immortels, fallait-il toujours emprunter le langage de Rome et d'Athènes ? Qui ne voit qu'il fallait plutôt pour la gloire de la Nation former la langue française, afin qu'on vit prendre à nos discours un tour plus libre et plus vif, dans une phrase qui nous fut plus naturelle, et qu'affranchis de la sujétion d'être toujours de faibles copies, nous puissions enfin aspirer à la gloire et à la beauté des originaux ? »

Plus tard, Rivarol avec sa belle tête aux cheveux bouclés, sa cravate de batiste, son œil langoureux et narquois, plaidera aussi en faveur de notre langue :

« Il faut donc qu'une langue s'agite jusqu'à ce qu'elle se repose dans son propre génie, et ce principe explique un fait assez extraordinaire, c'est qu'aux xiii⁰ et xiv⁰ siècles la langue française était plus près d'une certaine perfection qu'elle ne le fut au xvi⁰. Ses éléments s'étaient déjà incorporés ; ses mots étaient assez fixes, et la construction de ses phrases directe et régulière : il ne manquait donc à cette langue que d'être parlée dans un siècle plus heureux, et ce temps approchait. Mais, contre tout espoir, la renaissance des lettres la fit tout à coup rebrousser vers la barbarie. Une foule de poètes s'élevèrent dans son sein, tels que les Jodelle, les Baïf et les Ronsard. Épris d'Homère et de Pindare, et n'ayant pas digéré les beautés de ces grands modèles, ils s'imaginèrent que la nation s'était trompée jusque-là, et que la langue française aurait bientôt le charme du grec si on y transportait les mots composés, les diminutifs, les péjoratifs, et surtout la hardiesse des inversions, choses précisément opposées à son génie...

« Les États se renverseront, et notre langue sera toujours retenue dans la tempête par deux ancres, sa littérature et sa clarté. »

* *

N'ayant de place que pour quelques exemples, tirons celui-ci du *Sermon sur la Providence* : « Grand et admirable sujet, et digne de l'attention de la Cour la plus auguste du monde ! Prêtez l'oreille, ô mortels, et apprenez de votre Dieu même les secrets par lesquels il vous gouverne. Car c'est lui qui vous enseignera dans cette chaire ; et je n'entreprends aujourd'hui d'expliquer ses conseils profonds qu'autant que je serai éclairé par ses oracles infaillibles...

« J'ai vu, dit l'Ecclésiaste, un désordre étrange sous le soleil : « J'ai vu que l'on ne « commet pas ordinairement, ni la course aux « plus vites, ni les affaires aux plus sages, ni « la guerre aux plus courageux ; mais que « c'est le hasard et l'occasion qui donnent « tous les emplois, qui règlent tous les pré- « tendants... *sed tempus casumque in omni-* « *bus.* »

D'une manière plus brusque Victor Hugo établit la même pensée dans ces vers :

« Dans l'équilibre humain, tout est démence ! On met
Un aveugle en vigie, un manchot à la barre. »

et aussi dans sa prose : « Qu'est-ce que c'est donc que cette sagesse humaine qui ressemble si fort à la folie quand on la voit d'un peu haut ! »

« On ne commet pas, dit l'Ecclésiaste, les affaires aux plus sages. » Bossuet, précepteur de ce dauphin si médiocrement doué, écrit à son sujet : « On n'a nulle consolation sensible, et on marche, comme dit saint Paul, en espérant contre l'espérance. »

A nouveau le *Sermon sur l'Ambition* nous donnera un fameux exemple de style vivant et imagé : « La fortune trompeuse en toute chose, est du moins sincère en ceci, qu'elle ne nous cache pas ses tromperies ; au contraire, elle les étale dans le plus grand jour ; et, outre ses légèretés ordinaires, elle se plaît de temps en temps d'étonner le monde par des coups d'une surprise terrible, comme pour rappeler toute sa force en la mémoire des hommes, et de peur qu'ils n'oublient jamais ses inconstances, sa malignité, ses bizarreries.

« C'est ce qui m'a fait souvent penser que toutes les complaisances de la fortune ne sont pas des faveurs, mais des trahisons ; qu'elle ne nous donne que pour avoir prise sur nous ; et que les biens que nous recevons de sa main ne sont pas tant des présents qu'elle nous fait, que des gages que nous lui donnons pour être éternellement ses captifs, assujettis aux retours fâcheux de sa dure et malicieuse puissance. »

Est-ce vrai cela ? Que les richesses acquises récemment soient prudentes, mal consolidées qu'elles sont par l'inexpérience de leurs passagers détenteurs. La fortune ne s'arrête jamais, la roue continue inlassablement son tour.

Et de beaucoup de ces riches, plus tard, il sera pensé comme en ce sermon :

« O les dignes restes de ta grandeur ! ô les belles suites de ta fortune ! ô folie ! ô illusion ! ô étrange aveuglement des enfants des hommes ! »

Qu'on rapproche Shakespeare : « La vie semble un drame composé par un fou et joué par des acteurs ivres. »

On se souvient de ces considérations sur la mort dans le classique sermon : « Tout nous appelle à la mort : la nature, comme si elle était presque envieuse du bien qu'elle nous a fait, nous déclare souvent et nous fait signifier qu'elle ne peut pas nous laisser longtemps ce peu de matière qu'elle nous prête, qui ne doit pas demeurer dans les mêmes mains, et qui doit être éternellement dans le commerce ; elle en a besoin pour d'autres formes, elle le redemande pour d'autres ouvrages. »

Bossuet semble préluder à Vigny comme Jean Bodin à Montesquieu et La Boétie à J.-J. Rousseau.

En effet, dans *la Maison du Berger*, lorsque le poète écoute ainsi la Nature :

« C'est là ce que me dit sa voix triste et superbe
Et dans mon cœur alors je la hais, et je vois
Notre sang dans son onde et nos morts sous son herbe
Nourrissant de leurs sucs la racine des bois.

.   .   .   .   »

Ces sucs repris par les racines sont donc
rendus aux êtres vivants par les végétaux
dont ils se nourrissent et ainsi « ce peu de
matière » que la nature nous prête « ne doit
pas demeurer dans les mêmes mains ».

« Que la place est petite, continue Bossuet, que nous occupons en ce monde ! si
petite certainement et si peu considérable,
que je doute quelquefois avec Arnobe, si je
dors ou si je veille. Je ne sais si ce que
j'appelle veiller n'est peut-être pas une partie un peu plus excitée d'un sommeil profond,
et si je vois des choses réelles, ou si je
suis seulement troublé par des fantaisies et
par des vains simulacres. »

Comparons encore cette belle pensée à
un magnifique passage pris dans *La Tempête* de Shakespeare : « Maintenant voilà nos
divertissements finis ; nos acteurs, comme je

vous l'ai dit d'avance, étaient tous des esprits ; ils se sont fondus en air, en air subtil ; et, pareils à l'édifice sans base de cette
vision, se dissoudront aussi les tours qui se
perdent dans les nues, les palais somptueux,
les temples solennels, notre vaste globe, oui,
notre globe lui-même, et tout ce qu'il reçoit
de la succession des temps ; et comme s'est
évanoui cet appareil mensonger, ils se dissoudront, sans même laisser derrière eux la
trace que laisse le nuage emporté par le vent.
Nous sommes faits de la vaine substance dont
se forment les songes, et notre chétive vie
est environnée de sommeil. »

Les belles tragédies de Shakespeare ont
été composées à la fin du xvi⁰ siècle et au
commencement du xvii⁰, mais c'est Voltaire
qui, le premier, a parlé en France du génie
du grand poète anglais.

On voit que dans le *Sermon sur la mort*,
Bossuet a cité Arnobe, cet apologiste latin
de la religion chrétienne. Il n'est pas sans
intérêt de donner un passage d'Arnobe :
« *Vigilemus aliquando, an ipsum vigilare
quod dicitur, somni sit perpetui portio ?* »

C'est celui qu'a traduit Bossuet dans les
lignes citées plus haut, mais Pascal aussi

nous a laissé cette réflexion : « Qui sait, si
cette autre moitié de la vie où nous pensons
veiller n'est pas un autre sommeil un peu
différent du premier ? »

Puisant tous deux aux mêmes sources, ils
ont traduit ce même passage avec une certaine similitude d'expressions. De telles ren-
contres s'observent souvent dans les œuvres
de ces deux grands hommes qui ont emprunté à saint Augustin et aux Épîtres de
saint Paul autant que Montaigne à Plutarque
et à Sénèque.

Ces deux créateurs de notre langue, et je
dirais presque de notre pensée, ont trouvé la
source féconde qui jointe à l'antiquité païenne
se prêtait à la profondeur de leurs immortelles méditations.

Il n'y a plus que l'élite qui en jouisse
et c'est avec tristesse que l'on voit de même
négliger Vigny parmi les quatre grands poètes
du xixe siècle. Ses pensées, dit-on, sont trop
élevées pour être goûtées de la foule. Il est
obscur parfois. Peut-être, mais lorsqu'il est
clair, et c'est souvent, quel merveilleux philosophe. Lui aussi, en un langage divin, s'est
attaqué à l'orgueil, lorsque, s'adressant à un
pauvre, il lui dit :

« Si plus haut parvenus, de glorieux esprits
Vous dédaignent jamais, méprisez leur mépris ;
Car ce sommet de tout, dominant toute gloire,
Ils n'y sont pas, ainsi que l'œil pourrait le croire.
On n'est jamais en haut. Les forts devant leurs pas,
Trouvent un nouveau mont inaperçu d'en bas.
Tel que l'on croit complet et maître en toute chose
Ne dit pas les savoirs qu'à tort on lui suppose,
Et qu'il est tel grand but qu'en vain il entreprit.
— Tout homme a vu le mur qui borne son esprit. »

En train de commenter l'œuvre d'un bel écrivain qui fut aussi une belle âme, la mémoire est contrainte de se reposer, au hasard des littératures, sur ce qui porte l'empreinte de la même majesté. Un juste tribut doit être rendu au souvenir du très digne et très grand poète Alfred de Vigny.

Comment peut-il être qu'avec des assises aussi résistantes dans notre poésie, dans notre morale, les mœurs se dissolvent, la religion de l'honneur, ce panache de Bossuet comme celui de Vigny, fasse place à une adaptation servile à ce qui est le plus dénué de sens poétique et souvent de sens moral.

On reconnaîtra la valeur des programmes de nos réformateurs au nombre des jeunes bien éduqués, des âmes bien trempées qui, rebelles à ce terre à terre, à cette civilisa-

tion essoufflée, poussive, qui se perd et flotte
à vau-l'eau, refuseront de s'y adapter.

« Nous ne faisons pas la guerre à l'Allemagne pour devenir des Allemands », disait
M. Boutroux pendant la guerre. C'est extrêmement judicieux. Chaque contrée ne peut
impunément s'écarter de ses aptitudes sécu-
laires qui l'ont teintée, caractérisée aux yeux
du monde. Qu'elle n'oublie pas la nature particulière de son génie qui l'a fait grande. Son
histoire lui a tracé un sillon glorieux, qu'elle
le suive !

Autrement, c'est le retour de Machiavel
qui, au xvi⁰ siècle, en Italie, n'apprécie les
hommes que par leurs seules qualités d'habileté et de réussite. Le succès d'où qu'il
vienne est par lui comme érigé en principe.

Récemment, un ministre encourageait des
enfants : « Travaillez, mes amis, le temps
des forts est venu. » On se demande, dès
que l'on a vécu dans le chaos social qui
existe de nos jours, si les « forts » qui
sont honnêtes peuvent résister aux assauts
de toutes ces bandes de forbans que l'éducation actuelle des hommes fait pulluler à
plaisir. On se demande si les « forts » et
qui sont en même temps logiques peuvent

ne pas être surpris et engloutis par les flots
d'incohérence et d'illogisme qui imprègnent
les institutions dans lesquelles nous vivons.
« Il semble que l'égoïsme a tout submergé »,
dit quelque part Vigny.

Il ne s'agit plus seulement d'égoïsme aujourd'hui : c'est la bêtise et la malhonnêteté
qui submergent tout.

C'est la plus grande banque d'émission
qui nous vole en vendant certains titres quatre
cents francs qui tombent bientôt à douze
francs.

Ce sont les directeurs, employés et même
certains sous-employés des usines qui, s'ils
ne touchent d'illégales commissions, vont
jusqu'à arrêter des machines et des fabri-
cations, là où ils ont mission de les alimen-
ter honorablement. Nous l'avons vu cela, de
nos yeux vu !

C'est le Barreau même de Paris, si réputé
autrefois, et à qui se mêlent, à côté des trop
jeunes qui n'ont pas encore vécu, des éléments
qui n'offrent plus les mêmes garanties de
savoir et d'esprit foncièrement scrupuleux.

Jadis, le droit romain, qui est la clef du
droit civil, était très en honneur. Le droit
civil était encore approfondi, au temps où

Buffnoir enseignait. Aujourd'hui les spécialités sont nombreuses que les nécessités sociales ont ajouté à ces deux-là : législation industrielle, législation financière, droit public, etc. Les études sont, pour ainsi parler, plus diffusées qu'autrefois.

C'est la police qui, à ce que l'on entend tous les jours, mériterait d'être reconstituée de fond en comble.

Ce sont les magistrats qui ont conservé les heureuses traditions de loyauté, mais sont en nombre insuffisant dans les grandes villes. Submergés de dossiers, ils n'ont pas le loisir de diriger, aussi minutieusement que leur conscience le désirerait, les affaires qu'ils doivent résoudre. Ils s'en déchargent souvent contre leur gré, et qu'ils ont raison de le regretter, grand Dieu ! sur des experts-comptables ou autres.

Pas plus qu'au temps de La Fontaine n'ayons aujourd'hui de procès : célérité de la procédure chez les avoués et les notaires, honnêtes arguments de subtils experts, rien n'y manque. Quant au choix d'un avocat, il n'est pas si aisé que cela !

Il faut entendre là-dessus d'éminents magistrats aux instants où ils se délassent et songent aux difficultés de leur carrière.

Dans une conférence que le professeur Ambroise Colin fit sur la responsabilité chirurgicale, il cita aux chirurgiens assemblés le cas de ce dentiste qui ayant arraché, à tort, uniquement pour se réserver le lucre de la prothèse, quatorze belles dents à une jeune fille, fut condamné tout juste à mille francs d'amende. *Vidi sub sole in loco justitiæ iniquitatem.* (Ecclesiaste III, 16.)

Cependant, le thème de la justice fait résonner cet appel en haut de la chaire d'où Bossuet parle au roi : « Levez-vous, puissances du monde ; voyez comme la justice est contrainte de marcher par des voies serrées : secourez-la, tendez-lui la main, faites-vous honneur ; c'est trop peu dire, déchargez votre âme, et délivrez votre conscience en la protégeant. »

Envisagerons-nous les arts ? que Chénier a ainsi vantés :

> « Beaux-arts, ô de la vie, aimables enchanteurs,
> Des plus sombres ennuis riants consolateurs !
> Amis sûrs dans la peine... »

ce sont les productions informes qui se vendent le plus cher. C'est miracle qu'après le vent d'aberration qui a soufflé sur l'Europe, Corrège et les Maîtres hollandais figurent

encore dans les musées. On commence bien
d'ailleurs à y introduire de prétendus génies
de la peinture qui ne laissent pas de paraître bizarres aux véritables connaisseurs.
Qu'en dirait l'écrivain des *Maîtres d'autrefois* ?

A coup sûr, le XIXe siècle peut être fier
de son travail. Que de sciences qui venaient
de voir le jour se sont développées à très
grandes envolées. Lamarck prépare sa tâche
à Darwin, Comte classifie les sciences, crée
le positivisme et est secondé par deux rares
esprits : Taine et Renan ; Spencer s'empare de
la théorie de l'évolution ; Balzac crée le roman
moderne puis reçoit de Taine cette louange
qu'il est « avec Shakespeare et Saint-Simon,
le plus grand magasin de documents que
nous ayons sur la nature humaine ».

C'est une obligation toutefois que de constater dans quel oubli restent aujourd'hui
certains écrivains considérables du grand
siècle !

A propos d'un livre paru il y a quelques
années, un critique s'écria : « C'est très beau,
on jurerait du La Bruyère revu par Alexandre
Dumas fils », ce à quoi Faguet ne se fit pas
faute de répliquer : « Alexandre Dumas revu
par La Bruyère serait mieux. »

Et Zola qui, dans ses *Critiques littéraires*, se croit autorisé à dire que chez La Bruyère, à part le style, il n'y a rien, se trompe certainement.

Chateaubriand n'est pas de cet avis puisqu'il nous donne une limpide analyse de l'auteur des *Caractères* : « La Bruyère est un des beaux écrivains du siècle de Louis XIV. Aucun homme n'a su donner plus de variété à son style, plus de formes diverses à sa langue, plus de mouvement à sa pensée. Il descend de la haute éloquence à la familiarité, et passe de la plaisanterie au raisonnement, sans jamais blesser le goût ni le lecteur. L'ironie est son arme favorite : aussi philosophe que Théophraste, son coup d'œil embrasse un plus grand nombre d'objets, et ses remarques sont plus originales et plus profondes.

« Théophraste conjecture, La Rochefoucault devine et La Bruyère montre ce qui se passe au fond des cœurs. »

Nous ne pouvons résister ici à l'envie de citer l'analyse que fait ensuite l'auteur du *Génie du Christianisme*, de l'essence et de la qualité des travers suivant les époques, où ils vicient les rapports des hommes : « L'avarice, l'ignorance, l'amour-propre, se montrent sous un jour nouveau. Ces vices, dans le siècle de

Louis XIV, se composaient avec la religion et la politesse ; maintenant ils se mêlent à l'impiété et à la rudesse des formes ; ils devaient donc avoir dans le xvii° siècle des teintes plus fines, des nuances plus délicates ; ils pouvaient être ridicules alors ; ils sont odieux aujourd'hui. »

Il ne les a pas bien lus, Zola, *Les Caractères* : beaucoup lui a échappé. A-t-il compris par exemple cette ligne qui nous intéresse ici même : « Quel besoin a Trophime d'être cardinal ? »

Cela veut dire simplement que Bossuet aurait ennobli la pourpre, que c'est une perte pour elle, mais qu'elle n'eût rien ajouté au lustre de notre évêque ni à son génie.

Puisque nous touchons un instant à Zola, avouons que ses romans contiennent des choses que nous voudrions bien n'y pas voir à côté d'élans lyriques et de fortes descriptions de foule en marche.

Il n'y aurait rien dans La Bruyère à part le style ? Mais quelle théorie a donc inventée Zola ? N'est-il pas resté à l'étiage philosophique, économique où se tenaient ses contemporains ? Il était aussi conservateur et amoureux de son bien-être que chacun d'entre nous ; témoin ce passage, que nous trouvons excellent d'ailleurs, dans la préface d'un livre de Tolstoï, *l'Argent et le Travail* : « Mon Dieu ! il est très certain que Tolstoï a raison. Le travail est la grande loi, la source de la vie, l'effort même du progrès humain ; et l'argent, simple moyen conventionnel d'échange, s'il a été un des facteurs les plus puissants de la civilisation, a entraîné avec lui toutes les abominations et toutes les iniquités. Si, d'un mot, on le pouvait supprimer... quel cri de soulagement monterait de la pauvre humanité enfin délivrée ! Nous sommes tous d'accord, même j'ajouterai que nous le sommes depuis longtemps sur ces lieux communs, l'air empesté des grandes villes, le rôle maudit de l'argent, le bonheur définitif qu'il y aurait à vivre aux champs, chacun de l'œuvre de ses mains.

« Le terrible, voyez-vous, c'est que ces vœux sont restés stériles. Il faut bien admettre que l'histoire est faite de forces naturelles invincibles. Quand un fleuve coule à l'ouest, c'est que les terrains le veulent ; et rien au monde, qu'une autre configuration de la terre, ne lui ferait remonter son cours et couler à l'est. Ainsi, l'argent est un produit du sol social. Il a été, il est encore une des conditions de notre existence.

« Tolstoï, comme tous les nobles rêveurs, indique où serait l'universel bonheur. Seulement, la terre idéale est là-bas, il n'y a ni routes ni ponts pour s'y rendre. »

Tout au plus, dans *Germinal*, Zola a-t-il souhaité la formation, l'extension des syndicats, mais tous nous souhaitons même que les syndicats puissent posséder et devenir riches. Ainsi les unions ouvrières pourraient répondre devant les tribunaux et par leur richesse même, elles deviendraient conservatrices.

On prétend que Zola se serait proposé un but élevé et moralisateur en prouvant dans tous ses romans que la vie mal vécue porte toujours en soi son châtiment. Si cela est, c'est très bien; mais La Bruyère s'est élancé comme un épervier avec ses griffes aiguës sur les défauts de la cour, sur les défauts de son siècle qui sont d'ailleurs ceux de tous les siècles, et il n'y a pas trace de grossièreté dans son œuvre.

Zola était, sans contredit, né écrivain, toutefois la bonne éducation lui a manqué. Au début de sa carrière, sa bibliothèque, a-t-il dit, ne comptait qu'un livre : Rabelais. Il nous semble qu'il a surtout extrait le pire dans l'œuvre du maître. A en juger par les commentaires que l'on peut entendre dans la foule des humbles qui, par divertissement, se sont jetés sur les livres d'Émile Zola, son œuvre n'a pas dû être très moralisatrice. De tous ses écrits, un ou deux ouvrages seulement resteront : juste l'épaisseur du volume des *Caractères*, dont il a médit. Cela montre qu'on ne peut être à la fois un écrivain et un spéculateur.

La Bruyère venait d'acheter une charge de trésorier de France à Caen, lorsque Bossuet le fit venir à Paris pour enseigner l'histoire à Louis de Bourbon, petit-fils du grand Condé et père de celui qui fut ministre sous Louis XV.

Ainsi, La Bruyère vécut paisible à Versailles, à l'hôtel de Condé, où il habitait, et se contenta d'une pension de mille écus. Plus heureux que Zola, il fut reçu à l'Académie française en 1693, juste à temps pour, en un magnifique discours, dire de Boileau qu'il « passe Juvénal, atteint Horace, semble créer les pensées d'autrui et se rendre propre tout ce qu'il manie », puis de Fénelon qu'il est « toujours maître de l'oreille et du cœur de ceux qui l'écoutent, il ne leur permet pas d'envier ni tant d'élévation, ni tant de facilité, de délicatesse, de politesse... », puis enfin de Bossuet : « Que n'est-il point ? Nommez, Messieurs, une vertu qui ne soit pas la sienne. »

Oui, il l'aimait bien, en effet, son éloquent protecteur ; au point qu'on a retrouvé dans les papiers de La Bruyère sept *Dialogues sur le Quiétisme*, non terminés d'ailleurs. Il alla donc jusqu'à épouser la querelle théologique que Bossuet engageait contre Madame Guyon.

* * * *

Ah ! cette Madame Guyon, qui a fait couler beaucoup d'encre, de son vivant et après sa mort, s'est attiré récemment de très malignes allusions du délicat critique Jules Lemaître ? Ce pauvre Fénelon, qu'avait-il tant besoin de se faire l'avocat de Madame Guyon et de la défendre, avec encore plus de ferveur que notre Lachaud ne défendit Mademoiselle Marie Capelle dans la tapageuse affaire Lafarge ?

Quiétisme ! Mais les quiétistes ont été nombreux dans l'Histoire. Cet évêque de Salonique et ces moines du Mont-Athos et un Espagnol Molinos qui élève l'âme à cet état de contemplation et de « quiétude » où elle va s'épargner jusqu'aux simples bonnes œuvres. C'est en 1675 que ce moine publia *la Guide spirituelle* qui provoqua sous la plume de Madame Guyon *les Torrents spirituels.*

En l'année 1694, enfin, l'archevêque de Cambrai ayant donné son *Explication des Maximes des Saints sur la vie intérieure,* c'est à cette date que prit fin l'amitié qui avait existé entre l'évêque de Meaux et Fénelon.

« Et plût à Dieu, observe le P. de la Rue, que tous les différends de doctrine et de religion eussent toujours été en de telles mains ! que la vérité n'eût jamais eu que de pareils défenseurs et de pareils adversaires ! »

« Il y a des impuissances spirituelles comme corporelles. Je ne condamne point les actes ni les bonnes pratiques, à Dieu ne plaise », écrit Madame Guyon à Bossuet, qui lui répond :

« Pour commencer, je vous dirai que la première chose dont il me paraît que vous devez vous purifier, c'est de ces grands sentiments que vous marquez de vous-même... Déposez donc, Madame, peu à peu ces impuissances prétendues, qui ne sont point selon l'Evangile. »

Fénelon, d'autre part, le 26 janvier 1695, s'exprimait ainsi dans sa lettre au grand prélat : « Je n'ai point besoin de longue discussion pour me convaincre. Vous n'avez qu'à me donner ma leçon par écrit : pourvu que vous m'écriviez précisément ce qui est la doctrine de l'Église et les articles dans lesquels je m'en suis écarté, je me tiendrai invariablement à cette règle. » Et dans une autre lettre : « Je n'exclus qu'un effort qui interromprait l'occupation paisible... Je ne l'exclus, qu'en supposant que cette libre quiétude est accompagnée de fréquents actes distincts... auxquels l'âme se sent doucement inclinée, sans avoir besoin d'effort contre elle-même. »

De toute façon, Madame J.-M.-B. de la Motte-Guyon n'était pas dépourvue d'éloquence car le cardinal Le Camus, évêque de Grenoble, rapporte à son sujet : « Par son éloquence naturelle, et par le talent qu'elle a de parler de la piété d'une manière à gagner les cœurs, elle avait effectivement fait beaucoup de progrès, elle s'était attiré beaucoup de gens de distinction, des ecclésiastiques, des religieux, des conseillers du parlement. »

Étudier l'Histoire et analyser sérieusement les controverses célèbres qui ont divisé et brouillé de si grands hommes, mais cela devrait, comme rien d'autre au monde, affiner l'âme, rendre plus modéré, plus enclin à toutes les indulgences, en montrant le peu de sujet qu'on a parfois de se haïr.

Ils sont légion ces martyrs que l'Histoire a recueillis pour en faire ses modèles de prédilection dans l'éducation des jeunes hommes, espoirs des tolérances de demain ! A leurs noms, le despotisme incorrigible des sectes politiques et religieuses, qui se croient à tort omniscientes, en ajoute, hélas ! tous les jours de nouveaux.

L'humanité est-elle ainsi destinée d'une part à augmenter sans cesse de flots intarrissables l'océan de son savoir et à s'arrêter court, comme terrassée, dès que l'on brandit, devant elle, le fanion si raisonnable pourtant de la tolérance ?

« Soyez avec Dieu, non en conversation guindée comme avec les gens qu'on voit par cérémonie, mais comme avec un bon ami qui ne vous gêne en rien et que vous ne gênez point aussi. On se voit, on se parle, on s'écoute, on ne se dit rien, on est content d'être ensemble sans se rien dire ; les deux cœurs se reposent et se voient l'un dans l'autre, et ils n'en font qu'un seul. »

Telle est la simplicité de Fénelon et toujours il la choie cette simplicité. On la retrouve exprimée à peu près de même dans son traité de *l'Éducation des Filles*. « La plupart des personnes qui se bornent à une certaine oraison contrainte sont avec Dieu comme on est avec les personnes qu'on respecte, qu'on voit rarement, par pure formalité, sans les aimer et sans être aimé d'elles ; tout s'y passe en cérémonies et en compliments ; on s'y gêne, on s'y ennuie, on a impatience de sortir. Au contraire, les personnes véritablement « intérieures » sont avec Dieu comme on est avec ses intimes amis : on ne mesure point ce qu'on dit, parce qu'on sait à qui on parle ; on ne dit rien que de l'abondance et de la simplicité de cœur. »

C'est dans ce noble ouvrage que Fénelon donne à une dame de qualité l'avis suivant : « Car tout ce qu'une mère peut dire à sa fille est anéanti par ce que sa fille lui voit faire. Il n'en est pas de même de vous, madame... ; ainsi je vous excepte de la règle commune, et je vous préfère, pour son éducation, à tous les couvents. » Et il ajoute : « Le monde n'éblouit jamais tant que quand on le voit de loin, sans l'avoir jamais vu de près, et sans être prévenu contre sa séduction. Ainsi je craindrais un couvent mondain encore plus que le monde même. »

Comment notre illustre éducateur a-t-il pu prendre la défense de Madame Guyon, lui qui continue ainsi le passage que nous venons de citer : « Mais une femme curieuse, et qui se pique de savoir beaucoup, se flatte d'être un génie supérieur dans son sexe,... elle se croit solide en tout, et rien ne la guérit de son entêtement. Elle ne peut d'ordinaire rien savoir qu'à demi ; elle est plus éblouie qu'éclairée par ce qu'elle sait ; elle se flatte de savoir tout ; elle décide, elle se passionne pour un parti contre un autre dans toutes les disputes qui la surpassent, même en matière de religion. »

Fénelon n'a pas eu la vision lointaine qu'il donnait d'avance un conseil aux députés et aux sénateurs du xxᵉ siècle, à qui incombe la subtile tâche de délibérer sur l'aptitude politique des femmes.

Chaque siècle qui s'avance a presque les mêmes grands problèmes à résoudre que les précédents et l'histoire se renouvelle toujours ! Lorsqu'on aperçoit Turenne qui prend le commandement des Espagnols on a déjà vu Coriolan passer de même chez les Volsques et Thémistocle offrir ses services aux Perses.

Dans ses *Maximes des Saints*, Fénelon prenait, jusqu'à un certain point, parti pour Madame Guyon et assez âpres furent les controverses entre les deux grands prélats. Dans sa dernière réplique, Bossuet commence onctueusement : « Monseigneur, j'ai vu quatre lettres que vous m'avez adressées, et j'ai admiré avec tout le monde la fertilité de votre génie, la délicatesse de vos tours, la vivacité, les douces insinuations de votre éloquence », cependant il laisse assez vite percer une indéniable aigreur : « Les contradictions sont un accident inséparable de la maladie qu'on appelle erreur et de celle qu'on appelle vaine et fausse subtilité. La prévention demande une chose, la vérité en présente une autre. On avance des choses subtiles et alambiquées qui ne peuvent point tenir au cœur, et dont on se dédit naturellement...

« Quand saint Paul a dit des faux docteurs qu'ils n'entendent ni ce qu'ils disent ni de quoi ils parlent si affirmativement, quand il dit que la fausse science est pleine de contradictions, qui est un des sens de cette parole, où il établit les oppositions de la science faussement nommée... ; et lorsque, enfin, tous ceux qui s'opposent à la vérité, après avoir durant quelque temps, par un malheureux progrès, erré et jeté les autres dans l'erreur, c'est-à-dire après avoir ébloui le monde par de spécieux raisonnements et par une éloquence séduisante, cesseraient d'avance, parce que leur folie serait connue de tous, l'Apôtre voulait seulement nous enseigner qu'il y a une lumière de la vérité qui se fait sentir jusque dans l'erreur. »

Et où l'on retrouve bien la majesté de l'Aigle de Meaux, c'est dans l'alinéa suivant :

« Mais cette réputation d'avoir de l'esprit, loin d'excuser ces grands esprits qui se précipitent eux-mêmes, et qui précipitent les autres dans l'erreur, au contraire, c'est ce qui les perd. Les grands esprits, dit saint Augustin, les esprits subtils, *magna et acuta ingenia*, se sont jetés dans des erreurs d'autant plus grandes, que, se fiant en leurs propres forces, ils ont marché avec plus de hardiesse : *In tanto majores errores inierunt, quanto præfidentius tanquam suis viribus cucurrerent.* Il ne faut pas les lier ni les renfermer comme vous dites ; ce sont là des raisonnements qui n'ont qu'une fausse lueur. Il n'y a souvent qu'à les laisser beaucoup écrire et étaler les lumières de leur bel esprit, pour les voir bientôt ou se perdre dans les unes et s'éblouir eux-mêmes comme les autres ou se prendre dans les lacets de leur vaine dialectique. »

L'éblouissante pensée de saint Augustin, *magna et acuta ingenia...* semble lancée avec une fronde sur les superbes qui, toujours, se sont d'autant plus lourdement trompés qu'ils avaient une plus profonde assurance de l'infaillibilité de leur génie.

Dans le même ordre d'idées, quoique dans un autre domaine, nous fûmes souvent amenés à considérer avec tristesse que chez nous, les princes de la science française qui, par ailleurs, la représentaient si vaillamment, ont combattu et arrêté, en chimie, l'essor de la théorie atomique. Pendant ce temps une multitude de composés nouveaux qu'avaient laissé prévoir les formules atomiques a vu le jour dans les laboratoires d'outre-Rhin. Alors qu'ici l'industrie demeurait stationnaire, les colorants et les produits pharmaceutiques d'Allemagne emplissaient le monde entier.

Le problème du quiétisme a vieilli pour nous. Lequel des controversistes augustes que nous étudions a manqué de souplesse et de divination ? On peut prolonger loin le débat sur ce chapitre. Fénelon, toutefois, méritait de finir mieux qu'en exil.

Aussi bien la France méritait-elle de tenir en sciences le premier rang que lui devaient conserver ses chaires parées du prestige des Dumas, des Würtz, des Friedel et des Berthelot, sans parler du génie d'un Pasteur qui n'a point d'équivalent dans les annales allemandes.

Ne pouvons-nous tirer, de suite, une conclusion après ces deux exemples ? Pour que le choc des idées ne soit pas infécond ou même ne nous fasse déplorer d'illustres victimes : efforçons-nous d'imposer partout, en ce pays, la plus grande largeur de vues et combattons, pour toutes choses, l'esprit de secte et le parti pris.

II

ORAISONS FUNÈBRES. — HISTOIRE DES
VARIATIONS DES ÉGLISES PROTES-
TANTES. — EXPLICATION DE LA PRO-
PHÉTIE D'ISAÏE. — EXPLICATION DE
L'APOCALYPSE. — AVERTISSEMENTS
AUX PROTESTANTS.

C'EST par ses *Oraisons funèbres* que
Bossuet est le plus connu, et par six
Oraisons sur dix, puisque les quatre
autres ne furent pas éditées par son ordre.
Ce sont toutefois, presque exclusivement
dans toute son œuvre, ces six oraisons que
l'on cite toujours à propos de Bossuet. Nous
nous proposons de fouiller partout dans
l'œuvre si complexe que nous tenons en main
et de montrer que ce très grand penseur
nous fournit d'égales beautés dans tous les
genres où s'est complu son génie.

A coup sûr, ce genre de discours qui rappelait les panégyriques des anciens, convenait à son éloquence et, dans aucune littérature, de tels accents ne sauraient être surpassés. C'est, en 1669, le sixième enfant de Henri IV qu'il pleure d'abord : Henriette - Marie de France, « fille, femme, mère de rois si puissants, et souveraine de trois royaumes », puis, en 1670, sa fille Henriette-Anne d'Angleterre, duchesse d'Orléans, que la Reine mère avait choisie pour son second fils, Monsieur (Philippe, duc d'Orléans), puisque Louis XIV l'avait trouvée trop jeune pour lui. Henriette d'Angleterre fut la glorieuse négociatrice d'un traité qui détacha l'Angleterre de la triple alliance. Elle réussit à obtenir ce traité de Charles II, son frère.

Ensuite Bossuet vient à Saint-Denis, le 1er septembre 1683, « essuyer les larmes de cette troupe resplendissante » autour du cercueil de Marie-Thérèse, morte à quarante-cinq ans, et de qui le Roi, son époux, a pu dire : « Depuis vingt-trois ans que nous vivons ensemble, voilà le premier chagrin qu'elle m'ait donné. » Cette union qui avait eu lieu en 1660, fut un des succès politiques les plus marqués de Mazarin qui réconcilia ainsi les deux couronnes d'Espagne et de France.

Nous arrivons, en 1685, à la princesse Palatine, Anne de Gonzague de Clèves ; en 1686, au chancelier Michel Le Tellier, secrétaire d'État de Louis XIV jusqu'en 1666, où il obtint la permission de transmettre ce titre à son fils, le marquis de Louvois ; puis à l'oraison funèbre prononcée le 10 mars 1687, à Notre-Dame, devant le catafalque de Louis de Bourbon, prince de Condé, où le summum de l'éloquence humaine dans tous les âges paraît avoir été atteint.

Bossuet prononça encore les oraisons funèbres d'une abbesse, Yolande de Monterby ; du Père Bourgoing, supérieur de la Congrégation des Pères de l'Oratoire ; de messire Henri de Gornay, seigneur de Talange, et de Nicolas Cornet, grand maître du collège de Navarre, sous la vigilante direction duquel Bossuet avait fait ses cours de philosophie et de théologie et qui « prenait à tâche d'honorer le seul nécessaire, par un retranchement effectif de toutes les superfluités ».

C'est Lamartine qui, de sa touche aisée dont la fraîcheur dure toujours, signale ainsi les *Oraisons funèbres*, de Bossuet : « Le siècle était plein de grandes choses et de grands hommes. L'éloquence de Bossuet, comme une pleureuse antique, les attendait au bord du cercueil. »

Un rapprochement peut se faire en cet endroit car c'est encore le poète du *Lac* qui fait ainsi revivre en nos souvenirs l'ami de Madame de Sévigné, Corbinelli, dont le nom revient le plus souvent dans ses lettres : « Corbinelli était un de ces hommes rares que la nature semble avoir créés pour être les spectateurs bénévoles des choses humaines, sans y prendre jamais d'autre part que la curiosité du spectacle et l'intérêt qu'ils portent aux auteurs. Ces hommes modestes, mais nécessaires, ressemblent aux confidents sur la scène ; ils écoutent, ils sont là pour remplir le vide du théâtre et pour donner la réplique aux personnages ; ils ont besoin d'autant d'intelligence et de finesse que les premiers rôles, mais ils n'ont pas besoin d'autant de passion, et les applaudissements ne sont pas pour eux. »

Il ajoute sur le même sujet : « Craignant la peine que donne la recherche de la gloire », Corbinelli se renfermait « par paresse autant que par défaut d'ambition dans le rôle d'amateur. » C'est un sentiment de surprise que manifestent les grands hommes à l'égard de ceux à qui ils ont reconnu des dons supérieurs et qui ont négligé, refusé ou méprisé de conquérir les honneurs par l'action.

Or, dans l'oraison funèbre de messire Nicolas Cornet, une réflexion de Bossuet est semblable, quant au sens, à celle que nous venons de surprendre chez Lamartine, qui, dans ses descriptions, ressemble souvent à un rossignol.

Vous allez reconnaître d'ailleurs l'envol de l'Aigle dans ce commencement : « Ceux qui ont vécu dans les dignités et dans les places relevées, ne sont pas les seuls d'entre les mortels, dont la mémoire doit être honorée par des éloges publics. Avoir mérité les dignités et les avoir refusées, c'est une nouvelle espèce de dignité, qui mérite d'être célébrée par toutes sortes d'honneurs ; et comme l'univers n'a rien de plus grand que les grands hommes modestes, c'est principalement en leur faveur, et pour conserver leurs vertus, qu'il faut épuiser toutes sortes de louanges. »

Et pour bien montrer que les poètes se

complaisent à cette observation, n'avons-nous pas récemment entendu Rostand lui-même nous dire :

> « Car ils sont comme la poussière
> Des petits atomes danseurs
> Qu'on ne voit que dans la lumière,
> Les poètes et les penseurs. »

Il faut lire en entier les *Oraisons funèbres* qui faisaient passer dans l'auditoire éploré le frisson de la mort et montraient comment s'effritent, tombent en poudre, les monuments des hommes ainsi que leur orgueil. La chaire en deuil, l'assistance autour d'un cercueil, des torches funèbres, les voiles de la mort, tout, jusqu'aux voûtes d'une cathédrale, prenait ces jours-là un aspect sépulcral. Déchaînée, la voix du grand apôtre semblait venir de l'au delà et frapper la foule prosternée des puissants, de ses sentences, de ses oracles, de ses conseils.

Qu'il nous suffise d'en marquer en passant quelques traits pour fournir un marbre de plus à l'autel que nous dressons à Bossuet.

Transportons-nous devant l'infortunée dont le mari avait été décapité sur l'ordre de Cromwell, Henriette de France, qui, après avoir connu aussi bien les fureurs de l'océan et du canon braqué sur elle, qu'à Paris les insultes des Frondeurs, avait fondé à Chaillot le couvent de la Visitation, où Louis XIV fit d'ailleurs transporter le cœur de cette reine.

Dieu apprend aux rois « leurs devoirs d'une manière souveraine et digne de lui. Car, en leur donnant sa puissance, il leur commande d'en user comme il fait lui-même pour le bien du monde; et il leur fait voir, en la retirant, que toute leur majesté est empruntée, et que pour être assis sur le trône, ils n'en sont pas moins sous sa main et sous son autorité suprême ».

« Chrétiens, que la mémoire d'une grande Reine, fille, femme, mère de rois si puissants, et souveraine de trois royaumes, appelle de tous côtés à cette triste cérémonie : ce discours vous fera paraître un de ces exemples redoutables, qui étalent aux yeux du monde sa vanité tout entière. Vous verrez dans une seule vie toutes les extrémités des choses humaines; la félicité sans bornes, aussi bien que les misères; la rébellion longtemps retenue, à la fin tout à fait maîtresse; nul frein à la licence; les lois abolies; la majesté violée par des attentats jusqu'alors inconnus ; l'usurpation et la tyrannie sous le nom de liberté ; une reine fugitive, qui ne trouve aucune retraite dans trois royaumes, et à qui sa propre patrie n'est plus qu'un triste lieu d'exil, neuf voyages sur mer, entrepris par une princesse, malgré les tempêtes ; l'océan étonné de se voir traversé tant de fois en des appareils si divers, et pour des causes si différentes ; un trône indignement renversé, et miraculeusement rétabli. »

« S'il n'est pas permis aux particuliers de faire des leçons aux princes sur des événements si étranges, un roi me prête ses paroles pour leur dire : *Et nunc, reges, intelligite ; erudimini, qui judicatis terram :* Entendez, ô grands de la terre ; instruisez-vous, arbitres du monde. »

Et cette leçon aux rois en général ne contenait-elle pas un avertissement particulier ? « Lorsque le roi Henri VIII, prince en tout le reste accompli, s'égara dans les passions qui ont perdu Salomon et tant d'autres rois, et commença d'ébranler l'autorité de l'Église, les sages lui dénoncèrent qu'en remuant ce seul point, il mettait tout en péril, et qu'il donnait, contre son dessein, une licence effrénée aux âges suivants. Les sages le prévinrent; mais les sages sont-ils crus en ces temps d'emportement, et ne se rit-on pas de leurs prophéties ? »

Notre prédicateur n'oublie pas de défendre son apostolat et de lancer de puissantes descriptions historiques lorsqu'il s'écrie : « C'est le mépris de l'unité qui a divisé l'Angleterre. Que si vous me demandez comment tant de factions opposées, et tant de sectes incompatibles, qui se devaient apparemment détruire les unes les autres, ont pu si opiniâtrement conspirer ensemble contre le trône royal, vous l'allez apprendre.

« Un homme s'est rencontré d'une profondeur d'esprit incroyable, hypocrite raffiné autant qu'habile politique, capable de tout entreprendre et de tout cacher, également actif et infatigable dans la paix et dans la guerre, qui ne laissait rien à la fortune de ce qu'il pouvait lui ôter par conseil et par prévoyance; mais au reste si vigilant et si prêt à tout, qu'il n'a jamais manqué les occasions qu'elles lui a présentées ; enfin un de ces esprits remuants et audacieux, qui semblent être nés pour changer le monde. Que le sort de tels esprits est hasardeux, et qu'il en paraît dans l'his-

toire à qui leur audace a été funeste ? **Mais
aussi que ne font-ils pas, quand il plaît à
Dieu de s'en servir ?** Il fut donné à celui-
ci de tromper les peuples, et de prévaloir
contre les rois. »

Renan, au xix° siècle, émet cette opinion :

« La formation de nouvelles sectes, que
les catholiques reprochent aux protestants
comme une marque de faiblesse, prouve, au
contraire, que le sentiment religieux vit
encore chez ces derniers, puisqu'il y est
créateur. Il n'y a rien de plus mort que
ce qui ne bouge pas. » Ce ne pouvait être
l'avis d'un grand politique comme Bossuet
qui disposait d'une suprême ressource pour
établir l'ordre dans l'État : l'unité de croyance
et de direction. Nous l'allons voir lorsqu'il
continue sur Cromwell : « Car, comme il eut
aperçu que dans ce mélange infini de sectes,
qui n'avaient plus de règles certaines, le
plaisir de dogmatiser sans être repris ni
contraint par aucune autorité ecclésiastique
ni séculière, était le charme qui possédait
les esprits, il sut si bien les concilier par
là, qu'il fit un corps redoutable de cet assemblage monstrueux. Quand une fois on a
trouvé le moyen de prendre la multitude

par l'appât de la liberté, elle suit en aveugle, pourvu qu'elle en entende seulement le nom. Ceux-ci, occupés du premier objet qui les avait transportés, allaient toujours, sans regarder qu'ils allaient à la servitude ; et leur subtil conducteur, qui en combattant, en dogmatisant, en mêlant mille personnages divers, en faisant le docteur et le prophète, aussi bien que le soldat et le capitaine, vit qu'il avait enchanté le monde. »

Puis, s'adressant à la reine défunte : « O mère, ô femme, ô reine admirable, et digne d'une meilleure fortune, si les fortunes de la terre étaient quelque chose ! Enfin il faut céder à votre sort. Vous avez soutenu l'État, qui est attaqué par une force invincible et divine : il ne reste plus désormais sinon que vous teniez ferme parmi ses ruines.

« Comme une colonne, dont la masse solide paraît le plus ferme appui d'un temple ruineux, lorsque ce grand édifice qu'elle soutenait fond sur elle sans l'abattre : ainsi la Reine se montre le ferme soutien de l'État, lorsqu'après en avoir longtemps porté le faix, elle n'est pas même courbée sous sa chute. »

Voilà, certes, de la littérature classique haute et sage qui coule fluide, mesurée, consolatrice et fait oublier les élucubrations non seulement sans lyrisme, mais sans bon sens, que trop souvent aujourd'hui nous entendons. Après avoir tracé l'éloge de Charles II qui « eût pu hâter ses affaires, en se servant de la main de ceux qui s'offraient à détruire la tyrannie par un seul coup. Sa grande âme a dédaigné ces moyens trop bas », Bossuet termine avec une douceur et un art digne de ce monument d'éloquence : « Si elle avait été plus fortunée, son histoire serait plus pompeuse, mais ses œuvres seraient moins pleines ; et avec des titres superbes, elle aurait peut-être paru vide devant Dieu. Maintenant qu'elle a préféré la croix au trône, et qu'elle a mis ses malheurs au nombre des plus grandes grâces, elle recevra les consolations qui sont promises à ceux qui pleurent. Puisse donc ce Dieu de miséricorde accepter ses afflictions en sacrifice agréable ! Puisse-t-il la placer au sein d'Abraham, et content de ses maux, épargner désormais à sa famille et au monde de si terribles leçons ! »

Voilà Bossuet « destiné à rendre ce devoir funèbre à Henriette-Anne d'Angleterre, duchesse d'Orléans ». Il l'avait vue si « attentive »

pendant qu'il rendait « le même devoir à la
Reine, sa mère ».

« *Vanitas vanitatum*, *dixit Ecclesiastes :
vanitas vanitatum, et omnia vanitas*. J'ai pris,
dít Bossuet, sans étude et sans choix, les
premières paroles que me présente l'*Ecclésiaste*, où, quoique la vanité ait été si souvent nommée, elle ne l'est pas encore assez
à mon gré pour le dessein que je me pro-
pose. Je veux dans un seul malheur déplorer toutes les calamités du genre humain,
et dans une seule mort faire voir la mort
et le néant de toutes les grandeurs humaines. »

Puis il rappelle que cette princesse fut
« le digne lien des deux plus grands rois du
monde », ce qui « l'élevait au comble de la
grandeur et de la gloire ». Ces mots sont
cause de cette exclamation :

« La grandeur et la gloire ! Pouvons-
nous encore entendre ces noms dans ce
triomphe de la mort ? Non, messieurs, je ne
puis plus soutenir ces grandes paroles, par
lesquelles l'arrogance humaine tâche de s'é-
tourdir elle-même, pour ne pas apercevoir
son néant. Il est temps de faire voir que
tout ce qui est mortel, quoi qu'on ajoute

par le dehors pour le faire paraître **grand**, est par son fond incapable d'élévation.

« Il est ainsi, chrétiens : tout ce qui se mesure finit ; et tout ce qui est né pour finir n'est pas tout à fait sorti du néant où il est sitôt replongé. Si notre être, si notre substance n'est rien, tout ce que nous bâtissons dessus que peut-il être ? Ni l'édifice n'est plus solide que le fondement, ni l'accident attaché à l'être, plus réel que l'être même. Pendant que la nature nous tient si **bas**, que peut faire la fortune pour nous élever ?

« Nous devrions être assez convaincus de notre néant ; mais s'il faut des coups de surprise à nos cœurs enchantés de l'amour du monde, celui-ci est assez grand et **assez** terrible. O nuit désastreuse ! ô nuit effroyable, où retentit tout à coup, comme un éclat de tonnerre, cette étonnante nouvelle : **Madame se meurt, Madame est morte !** Qui de nous ne se sentit frappé à ce coup, comme si quelque tragique accident avait désolé sa famille ?

« Il n'y avait que la durée de sa vie dont nous ne croyions pas être en peine. Car qui eût pu seulement penser que les années eussent dû manquer à une jeunesse qui semblait si vive ? Toutefois, c'est par cet endroit que tout se dissipe en un moment. Au lieu de l'histoire d'une belle vie, nous sommes réduits à faire l'histoire d'une admirable, mais triste mort. »

Dans l'oraison de Marie-Thérèse, Bossuet nous rappelle un point de la philosophie que nous lui connaissons : « Je n'ai pas besoin de vous dire que c'est Dieu qui donne les grandes naissances, les grands mariages, les enfants, la postérité.

« Que je méprise ces philosophes, qui, mesurant les conseils de Dieu à leurs pensées, ne le font auteur que d'un certain ordre général d'où le reste se développe comme il peut ! Comme s'il avait à notre manière des vues générales et confuses, et comme si la souveraine intelligence pouvait ne pas comprendre dans ses desseins les choses particulières, qui seules subsistent véritablement. »

Kant n'allait qu'au XIXᵉ siècle dans la *Dialectique transcendantale* de son ouvrage, *Kritik über die reine Vernunft*, discuter les preuves de l'existence de Dieu. Hegel n'avait également pas publié sa réfutation des critiques de Kant sur ces preuves.

Mais le Dieu, *omnitudo realitatis*, de Leibnitz, le Dieu *parfait*, de Descartes. Le Dieu de Hegel constitué par *l'unité de la notion et de l'être, de la pensée et de l'existence*, c'est-à-dire l'opposé de Kant qui faisait de la pensée et de l'être deux choses distinctes, le Dieu à priori de saint Anselme, qui conçoit Dieu et conclut à son existence n'est atteint par aucune expérience de laboratoire, par aucun raisonnement philosophique, à quelque profondeur qu'il descende, et qui table toujours, comme tout raisonnement, sur de la matière pour préjuger l'immatériel. On part, en effet, de notions finies, limitées pour n'admettre pas le Dieu infini. C'est, pour mesurer Dieu, faire un compas de bois coupé dans une planète atome de notre système solaire, qui est lui-même imperceptible dans le système de l'univers.

Qu'au temps de Fénelon, de Rousseau et de son Vicaire savoyard, l'immobilité ait paru l'état normal des choses et que la seule mobilité du vent ait été déjà pour eux la preuve d'une pensée motrice hors du monde, la pensée motrice existe tout aussi entière, il semble, si, à l'état de repos que l'on se représentait alors, c'est le mouvement brownien qu'il faut maintenant substituer. On enseigne aujourd'hui que la matière renferme une énorme quantité d'énergie : le mouvement en est une des formes et c'est tout.

Je ne vois vraiment pas en quoi la vitesse des corpuscules quels qu'ils soient, même de ceux émanés du radium, pourrait porter ombrage à l'idée de Dieu !

Pour les savants, jusqu'à une certaine époque, les liquides seuls permettaient à leurs molécules de couler l'une sur l'autre lorsqu'on les transvasait.

Une longue lame de verre, un morceau de bois, une canne que l'on suspend et qui se tord, présente un travail moléculaire du même genre. De la même espèce est également le phénomène qui s'accomplit lorsque deux prismes très unis de métal qui reposent l'un sur l'autre arrivent à se souder. Les molécules ont bien alors coulé les unes dans les autres. On connaît les expériences faites avec des lames d'or et de plomb, de cuivre et de zinc, entre autres.

Que l'on définisse en chimie l'atome « la plus petite quantité d'un corps qui puisse entrer en réaction » : que les physiciens, par des calculs audacieux, nous inscrivent, en un volume donné, des nombres fantastiques de molécules et d'atomes, le Dieu de saint Anselme, le Dieu de Fénelon n'y éprouve guère d'altération. Cette vérité, dit Fénelon, « est au-dessus de moi, puisqu'elle me corrige, me redresse, me met en défiance contre moi-même .et m'avertit de mon impuissance, pendant qu'elle corrige d'autres hommes à la Chine, au Japon, dans le Mexique et dans le Pérou, par les mêmes principes ».

Et ces « règles éternelles » qui créent « les lignes que chaque mouvement décrit » aussi bien que le « rapport de l'ordre et de la raison » : Bossuet les voit quoique « d'une certaine manière incompréhensible », avoue-t-il cependant, dans. un « objet éternel : le Dieu qui demeure éternellement la vérité même ».

« Ce n'est pas par les sens que l'on aperçoit la beauté, c'est-à-dire la justice, la proportion et l'ordre, mais par l'esprit », lisons-nous dans le *Traité de la connaissance de Dieu et de soi-même*, où Bossuet définit l'entendement « la lumière que Dieu nous a donnée pour nous conduire ». « Nous connaissons clairement que tout se fait dans l'univers par la proportion du plus grand au plus petit et du plus fort au plus

faible; et nous en savons assez pour connaître que ces proportions se rapportent à
des principes d'éternelle vérité. » Que ce
soit en mathématiques les figures géomé-
triques : « triangle, carré, cercle, je n'ai pas
besoin de savoir qu'il y en ait de telles
dans la nature, et je suis assuré de n'en
avoir jamais ni tracé, ni vu de parfait ». A
cause de ces vérités immuables et qui sont
de tous les climats « qui subsistent indépen-
damment de tous les temps : en quelque
temps que je mette un entendement humain,
il les connaîtra; mais en les connaissant, il
les trouvera vérités, il ne les fera pas telles »,
nous trouvons Bossuet « obligé d'avouer un
être où la vérité est éternellement subsistante ». C'est donc en Dieu, ajoute-t-il, « d'une
certaine manière qui m'est incompréhensible
que je vois ces vérités éternelles », en celui
« qui est immuablement toute vérité », et
c'est ce qu'il est amené à conclure.

Bossuet ne dit jamais, d'ailleurs, qu'il
lui est aisé de le comprendre, ni dans
l'Oraison funèbre d'Anne de Gonzague, lorsqu'il s'adresse aux « libertins », libres-pen-
seurs de l'époque : « Les absurdités où ils
tombent, en niant la religion, deviennent

plus insoutenables que les vérités dont la hauteur les étonne. Où a-t-on pris que la peine et la récompense ne soient que pour les jugements humains ; et qu'il n'y ait pas en Dieu une justice, dont celle qui reluit en nous ne soit qu'une étincelle ?

« Mais qu'ont-ils vu ces rares génies, qu'ont-ils vu plus que les autres ? Car pensent-ils avoir mieux vu les difficultés à cause qu'ils y succombent, et que les autres, qui les ont vues, les ont méprisées ? Ils n'ont rien vu ; ils n'entendent rien ; ils n'ont pas même de quoi établir le néant, auquel ils espèrent après cette vie ; et ce misérable partage ne leur est pas assuré. »

Il les a donc bien vues aussi les « difficultés » bien qu'il ne nous dise pas exactement quelles ont été ces difficultés. Il en a peut-être vu beaucoup, comme Pascal qui a conclu qu'il fallait « s'abêtir ». Bossuet et Fénelon ont compris qu'au bout de l'irréligion se trouvait une impasse et ils n'en ont point voulu.

« Une des plus certaines vérités éternelles, proclame Bossuet, est celle-ci qu'il y a quelque chose au monde qui existe d'elle-même.

« Qu'il y ait un seul moment où rien ne soit, éternellement rien ne sera. »

Point n'est besoin de longue méditation pour sentir la limpidité scientifique et la logique puissante avec lesquelles ces vérités sont élaborées. Nous trouvons encore : « Il est absurde qu'il y ait tant de suite dans les vérités, tant de proportion dans les choses, tant d'économie dans leur assemblage, c'est-à-dire dans le monde; et que cette suite, cette proportion, cette économie ne soit nulle part bien entendue. »

Fénelon, dans son *Traité de l'existence de Dieu,* retraduit les mêmes pensées : « Plus on contemple sans prévention toute la nature, plus on y découvre partout un fonds inépuisable de sagesse, qui est comme l'âme de l'univers.

« Si on admire tant les philosophes parce qu'ils découvrent une petite partie des secrets de cette sagesse qui a tout fait, il faut être bien aveugle pour ne pas l'admirer elle-même.

« A force de raisonner subtilement, plusieurs philosophes ont perdu même une vérité qu'on trouve naturellement et simplement en soi, sans avoir besoin de philosophie.

« Comme le soleil sensible, remarque

Fénelon, éclaire tous les corps, de même ce soleil d'intelligence éclaire tous les esprits. La substance de l'œil de l'homme n'est point la lumière ; au contraire, l'œil emprunte à chaque moment la lumière des rayons du soleil. Tout de même mon esprit n'est point la raison primitive, la vérité universelle et immuable ; il est seulement l'organe par où passe cette lumière originale, et qui en est éclairé.

« Il y a un soleil des esprits, qui les éclaire tous, beaucoup mieux que le soleil visible n'éclaire les corps. Ce soleil de vérité ne laisse aucune ombre, et il luit en même temps dans les deux hémisphères.

« Les hommes peuvent nous parler pour nous instruire ; mais nous ne pouvons les croire qu'autant que nous trouvons une certaine conformité entre ce qu'ils nous disent et ce que nous dit le maître intérieur. »

*
* *

C'est une bien grande joie que de pouvoir converser encore dans notre siècle avec ces cerveaux immortels. Ils sont simples ces arguments de deux grands prélats et d'une bien intangible évidence. Ne semble-il pas quelque peu déconcertant qu'un auteur, assez érudit par ailleurs, s'emploie, dès qu'il quitte le Parlement, à réfuter les preuves des philosophes, entre autres de Fénelon. Pour ce faire, il peine comme un esclave, le pauvre M. Jules Carret pour amener devant nos imaginations d'immenses télescopes èt nous montrer un ciel, qu'on nous avait déjà présenté du reste, puis, il nous fait considérer les découvertes sur le radium et la conservation de l'énergie, et nous transporte même jusque dans l'île et l'îlot de Juan Fernandez où, d'après les lois du darwinisme, il nous décrit les transformations que subissent des espèces de chèvres et de chiens luttant entre elles pour leur existence.

Le malheureux peut nous rappeler ensuite, comme il le fait, que la fécondité du loup est au moins double de celle du mouton : il n'a en rien, n'est-ce pas, terni l'éclat du « soleil de vérité » dont parle merveilleusement Fénelon.

Que ce soit au pays des lapins, des cigognes ou des aurochs, qu'il fouille Saturne de sa longue lunette, qu'il collectionne tous les minerais radio-actifs d'uranium et autres métaux, cela forme une exposition agréable de sciences mais ne détruit pas le moindre iota dans le bâti élégant de cette logique qui doit survivre et qui mérite d'être transmise

aux jeunes « avec décence et vénération » ;
ces quatre mots figuraient dans le procès-
verbal au temps où la Révolution brisait les
tombes dans les caveaux de la cathédrale de
Cambrai. Les cendres du prélat dont l'âme
avait été toute tendresse furent respectées et
mises en un tombeau « avec décence et vénération ». Les révolutionnaires auraient pu graver sur la pierre une phrase de sa lettre au
duc de Chevreuse qui montre péremptoirement
que si les idées de Fénelon avaient prévalu, ils
n'eussent pas été amenés à s'avilir jusqu'à
fouiller les sépulcres : il n'y aurait pas eu de
Révolution. « Je voudrais, écrit Fénelon, con-
sulter les principaux évêques et seigneurs,
les plus célèbres magistrats, les plus puissants
et expérimentés marchands, les plus riches
financiers même, non seulement pour en
tirer des lumières, mais encore pour les
rendre responsables du gouvernement. » C'est
ce qu'on veut, aujourd'hui, faire dans tous les
États. Notre ex-parlementaire n'eût même,
en politique, soyons-en sûrs, rien appris à
Fénelon.

Des orateurs anarchistes s'emparent toutefois des compilations superficielles de ces
demi-savants qui se posent en matérialistes

et vont empoisonner les classes laborieuses à qui ils soumettent à brûle-pourpoint de si redoutables questions.

Ah ! les niais qui emploient leurs cervelles de primaires, où les connaissances mal entassées, mal digérées, n'aboutissent qu'à des déductions vides de sens, à multiplier l'alcoolisme, la prostitution, le vol et le reste.

Certes oui ! la Science est sortie de son rôle et dans sa divagation, elle a menacé de faire ce que produit un fleuve lorsqu'il sort de son lit : des ravages immenses.

* *

La même année que disparurent Louis XIV et Malebranche, en 1715 mourut également Fénelon. Neuf ans plus tard, à Kœnigsberg, Kant naissait et sur lui devaient, à tort du reste, s'appuyer nos scientistes puisque ce philosophe dans sa *Critique de la raison pratique* conclut à l'existence de Dieu, à l'immortalité de l'âme et à des principes de morale sévère. Très inexacts sont donc les vers de Musset.

> « Enfin sort des ténèbres un rhéteur allemand
> Qui, du philosophisme achevant la ruine,
> Déclare le ciel vide et conclut au néant. »

Dans la première partie de l'œuvre de ce

« rhéteur allemand », si l'on veut, mais plus ensuite. Musset a passé à la légère sur une période importante de la philosophie. Sully-Prudhomme n'aurait jamais eu ce laisser aller.

Il est bien entendu que nous n'inscrirons en aucune circonstance le mot croyance sans lui donner une acception large qui satisfasse l'esprit tout en autorisant toutes les études et permettant, dans tous les domaines de la philosophie, les investigations les plus souples. Il y a, considère Pascal, la religion qui jette l'homme jusqu'aux nues et celle qui malheureusement pour lui est comme un pavé à son cou et le noie dans une mare.

De cet absolutisme mortel, père de toutes les stagnations, nous ne voulons pas entendre parler. Nous répudions le dogmatisme resté étroit, prêché par des ignorants, qui aurait dû au contraire être le sanctuaire où la foi bienfaisante en l'immortalité se pouvait conserver. Leurs conceptions sont aussi primitives qu'elles le furent à l'enfance des civilisations.

Beaucoup de personnes suivent de nos jours avec intérêt les ouvrages qui traitent des *réincarnations*. Ces idées très anciennes de *vies successives*, avant que les druides ne les enseignassent aux Gaulois, avaient déjà passé par les Indes, l'Égypte et la Grèce.

Supposons que cette conception de la pluralité des vies reste une hypothèse qui ne soit pas abandonnée dans la suite : son exposition aura forcément été différente dans *les Védas* que dans le livre de Louis Figuier sur *le Lendemain de la Mort*, paru il y a cinquante ans ou dans les publications que fait actuellement M. Léon Denis. Il est élémentaire qu'il faut adapter ses prédications au milieu et à l'époque où elles trouvent leur place. Seul le fondement moral doit demeurer immuablement absolu. « Bannissons de la terre, écrivait Jean Reynaud dans son livre *Terre et Ciel*, l'idée du désordre en ouvrant les portes du temps au delà de la naissance, comme nous avons banni l'idée de l'injustice en ouvrant d'autres portes au delà du tombeau.

« Glorifions le créateur en nous glorifiant nous-mêmes. »

Ce que Kant appelait les *formes de la raison* avait été auparavant dénommé par Descartes et Leibnitz *idées innées* et par Platon *réminiscences d'une vie antérieure.*

C'est dans ce sens que Platon exprimait : « apprendre, c'est se souvenir ».

Non seulement Bossuet est fécond pour lui-même mais il demeure pour les autres une intarissable réserve de réflexions inspiratrices. Nous voulons ici nous restreindre à l'essentiel bien que la jouissance soit élevée et vive que nous apporte cette discussion des graves problèmes dont l'inconnue recèle les mystères du monde et le fondement de la morale.

***

C'est sur la tombe de Michel Le Tellier que nous entendons formuler le souhait « que les lois gouvernent et non pas les hommes. Lorsque le juge veut s'agrandir, et qu'il change en une souplesse de Cour le rigide et inexorable ministère de la justice, il fait naufrage contre ces écueils. On ne voit dans ses jugements qu'une justice imparfaite ; semblable, je ne craindrai pas de le dire, à la justice de Pilate : justice qui fait semblant d'être rigoureuse à cause qu'elle résiste aux tentations médiocres, et peut-être aux clameurs d'un peuple irrité ; mais qui tombe et disparaît tout à coup, lorsqu'on allègue, sans ordre même et mal à propos, le nom de César. Que dis-je le nom de César ? Ces âmes prostituées à l'ambition ne se mettent pas à si haut prix : tout ce qui parle, tout ce qui approche, on les gagne, on les intimide ; et la justice se retire d'avec elles ».

Mais hâtons-nous de relire l'Oraison funèbre de celui qui fut d'abord connu sous le nom de Duc d'Enghien, que Richelieu réussit à allier à sa nièce, fille du maréchal de Brézé et que Mazarin fit commandant en chef de l'armée de Flandre : ce qui lui valut, pour commencer, Rocroi. Nous venons de désigner Louis de Bourbon, le grand Condé « sans envie, sans fard, sans ostentation, toujours grand dans l'action et dans le repos; il parut à Chantilly comme à la tête des troupes. Qu'il embellît cette magnifique et délicieuse maison, ou bien qu'il munît un camp au milieu du pays ennemi, et qu'il fortifiât une place ; qu'il marchât avec une armée parmi les périls, ou qu'il conduisît ses amis dans ces superbes allées au bruit de tant de jets d'eau qui ne se taisaient ni jour ni nuit : c'était toujours le même homme et sa gloire le suivait partout.

« Le Seigneur est avec vous, ô le plus courageux de tous les hommes ! Allez avec ce courage dont vous êtes rempli. Je serai

avec vous. *Dominus tecum virorum fortis-
sime...* » C'est par ce passage des *Juges*
que Bossuet commence à pleurer, à glorifier,
à immortaliser celui qui fut son protecteur,
son admirateur et son ami.

La chaleur de cette affection anime cette
splendide effusion d'éloquence, du premier
mot à la fin. La grandeur et la variété du
sujet, l'héroïsme de Condé qui n'a pas seulement « des hommes à combattre » mais
« des montagnes inaccessibles, des ravines
et des précipices, un bois impénétrable, dont
le fond est un marais, des ruisseaux, de
prodigieux retranchements, partout des forts
élevés, et des forêts abattues que traversent
des chemins affreux », tout concourt à rendre
ce morceau éclatant.

Aussi Condé avait-il pour maxime : « écoutez, c'est la maxime qui fait les grands
hommes : que dans les grandes actions il
faut uniquement songer à bien faire, et
laisser venir la gloire après la vertu.

« Je l'ai vu vivement ému des périls de
ses amis : je l'ai vu simple et naturel
changer de visage au récit de leurs infor-
tunes. Loin de nous les héros sans humanité. Ils pourront bien forcer les respects,

et ravir l'admiration, comme font tous les
objets extraordinaires ; mais ils n'auront pas
les cœurs. »

Un parallèle devait tenter un si grand
orateur : celui de Turenne et de Condé. Il
ne l'a pas oublié et c'est un long passage
d'un brillant coloris. « Que de campements,
que de belles marches, que de hardiesse,
que de précautions, que de périls, que de
ressources. Vit-on jamais en deux hommes
les mêmes vertus, avec des caractères si
divers, pour ne pas dire si contraires ? L'un
paraît agir par des réflexions profondes, et
l'autre par de soudaines illuminations...

« Il n'y avait livre qu'il ne lût ; il n'y
avait homme excellent, ou dans quelque
spéculation, ou dans quelque ouvrage, qu'il
n'entretînt », dit-il de Condé et il ajoute :
« Aussi sa conversation était un charme,
parce qu'il savait parler à chacun selon ses
talents. »

De quelle émotion est empreint le récit
des derniers moments du prince :

« Que dirai-je de ses derniers entretiens
avec le duc d'Enghien ? Quelles couleurs
assez vives pourraient vous représenter et
la constance du père, et les extrêmes dou-

leurs du fils ? D'abord le visage en pleurs, avec plus de sanglots que de paroles, tantôt la bouche collée sur ses mains victorieuses, et maintenant défaillantes, tantôt se jetant entre ces bras et dans ce sein paternel, il semble par tant d'efforts vouloir retenir ce cher objet de ses respects et de ses tendresses. Les forces lui manquent : il tombe à ses pieds. »

Avec l'arrivée du prince de Conti « les tendresses se renouvellent : les deux princes entendirent ensemble ce qui ne sortira jamais de leurs cœurs ; et le Prince conclut en leur confirmant qu'ils ne seraient jamais ni grands hommes, ni grands princes, ni honnêtes gens, qu'autant qu'ils seraient gens de bien, fidèles à Dieu et au Roi. C'est la dernière parole qu'il laissa gravée dans leur mémoire ; c'est, avec la dernière marque de sa tendresse, l'abrégé de leurs devoirs ».

Puis vient la sublime péroraison de Bossuet. Elle reste comme un chant inimitable dans toutes les mémoires, la voici :

« Venez peuples, venez maintenant ; mais venez plutôt, princes et seigneurs ; et vous qui jugez la terre, et vous qui ouvrez aux hommes les portes du ciel ; et vous, plus

que tous les autres, princes et princesses,
nobles rejetons de tant de rois, lumières de
la France, mais aujourd'hui obscurcies et
couvertes de votre douleur comme d'un
nuage ; venez voir le peu qui nous reste
d'une si auguste naissance, de tant de grandeur, de tant de gloire. Jetez les yeux de
toutes parts : voilà tout ce qu'a pu faire
la magnificence et la piété pour honorer
un héros, des titres, des inscriptions, vaines
marques de ce qui n'est plus ; des figures
qui semblent pleurer autour d'un tombeau,
et des fragiles images d'une douleur que le
temps emporte avec tout le reste ; des colonnes qui semblent vouloir porter jusqu'au
ciel le magnifique témoignage de notre
néant : et rien enfin ne manque dans tous
ces honneurs, que celui à qui on les rend.
Pleurez donc sur ces faibles restes de la vie
humaine, pleurez sur cette triste immortalité
que nous donnons aux héros. Mais appro-
chez en particulier, ô vous qui courez avec
tant d'ardeur dans la carrière de la gloire,
âmes guerrières et intrépides. Quel autre
fut plus digne de vous commander ? mais
dans quel autre avez-vous trouvé le commandement plus honnête !

« Et vous, ne viendrez-vous pas à ce triste monument, vous, dis-je, qu'il a bien voulu mettre au rang de ses amis ? Tous ensemble, en quelque degré de sa confiance qu'il vous ait reçus, environnez ce tombeau ; versez des larmes avec des prières ; et admirant dans un si grand Prince une amitié si commode et un commerce si doux, conservez le souvenir d'un héros dont la bonté avait égalé le courage. Ainsi puisse-t-il toujours vous être un cher entretien ; ainsi puissiez-vous profiter de ses vertus : et que sa mort, que vous déplorez, vous serve à la fois de consolation et d'exemple. Pour moi, s'il m'est permis après tous les autres de venir rendre les derniers devoirs à ce tombeau, ô Prince, le digne sujet de nos louanges et de nos regrets, vous vivrez éternellement dans ma mémoire : votre image y sera tracée, non point avec cette audace qui promettait la victoire ; non, je ne veux rien voir en vous de ce que la mort y efface. Vous aurez dans cette image des traits immortels : je vous y verrai tel que vous étiez à ce dernier jour sous la main de Dieu, lorsque sa gloire sembla commencer à vous apparaître. C'est là que je vous verrai plus triomphant qu'à

Fribourg et à Rocroi ; et ravi d'un si beau triomphe, je dirai en actions de grâces ces belles paroles du bien-aimé disciple : *Et hæc est victoria quæ vincit mundum, fides nostra :* La véritable victoire, celle qui met sous nos pieds le monde entier, c'est notre foi.

« Jouissez, Prince, de cette victoire ; jouissez-en éternellement par l'immortelle vertu de ce sacrifice. Agréez ces derniers efforts d'une voix qui vous fut connue. Vous mettrez fin à tous ces discours. Au lieu de déplorer la mort des autres, grand Prince, dorénavant, je veux apprendre de vous à rendre la mienne sainte ; heureux, si, averti par ces cheveux blancs, du compte que je dois rendre de mon administration, je réserve au troupeau que je dois nourrir de la parole de vie, les restes d'une voix qui tombe, et d'une ardeur qui s'éteint. »

*

La préface de l'*Histoire des Variations des Églises protestantes* nous indique le dessein de l'ouvrage. « Si les protestants savaient à fond comment s'est formée leur religion, avec combien de variations et avec quelle inconstance leurs confessions de foi ont été

dressées ; comment ils se sont séparés premièrement de nous, et puis entre eux... elle
ne leur inspirerait que du mépris. C'est donc
ces variations, ces subtilités, ces équivoques,
et ces artifices dont j'entreprends de faire
l'histoire.

« La foi parle simplement ; le Saint-Esprit
répand des lumières pures, et la vérité
qu'il enseigne a un langage toujours uniforme. »

Et Bossuet rappelle le reproche que fit
Saint-Hilaire à Constance, protecteur des
Ariens : « La même chose vous est arrivée
qu'aux ignorants architectes, à qui leurs
propres ouvrages déplaisent toujours : vous
ne faites que bâtir et détruire : au lieu que
l'Église catholique, dès la première fois
qu'elle s'assembla, fit un édifice immortel
et donna dans le symbole de Nicée, une si
pleine déclaration de la vérité, que pour
condamner éternellement l'arianisme, il n'a
jamais fallu que la répéter. »

La thèse de l'ouvrage nous est ainsi
décrite. Si les variations des protestants
sont démontrées, leur erreur l'est aussi et
l'unité du catholicisme une fois établie, sa
vérité ne l'est pas moins.

« Les luthériens, dit Bossuet, dans l'institution de l'Eucharistie, sont défenseurs du sens littéral et les calvinistes du sens figuré.

« Je ne pourrai m'empêcher de parler des chefs de parti qui ont dressé ces confessions... Ainsi Luther, Mélanchthon, Carlostad, Zuingle, Bucer, Œcolampade, Calvin, et les autres, paraîtront souvent sur les rangs. »

Très habilement Bossuet montre en un chapitre que l'Église désirait la réformation depuis plusieurs siècles. « Il y avait plusieurs siècles qu'on désirait la réformation de la discipline ecclésiastique : « Qui me « donnera, disait saint Bernard, que je voie « avant de mourir, l'Église de Dieu comme « elle était dans les premiers jours ? » Si ce saint homme a eu quelque chose à regretter en mourant, ça été de n'avoir pas vu un changement si heureux. Il a gémi toute sa vie des maux de l'Église. Il n'a cessé d'en avertir les peuples, le clergé, les évêques, les papes mêmes; il ne craignait pas d'en avertir aussi les religieux, qui s'en affligeaient avec lui dans leur solitude, et louaient d'autant plus la bonté divine de les y avoir attirés, que la corruption était plus grande

dans le monde. On sait ce qui arriva dans
le concile de Bâle, où la réformation fut
malheureusement éludée, et l'Église replon-
gée dans de nouvelles divisions. Le cardinal
Julien représentait à Eugène IV les désordres
du clergé, principalement de celui d'Allemagne. « Ces désordres, lui disait-il, excitent
« la haine du peuple contre tout l'ordre ecclé-
« siastique, et si on ne le corrige, on doit
« craindre que les laïques ne se jettent sur
« le clergé, à la manière des hussites, comme
« ils nous en menacent hautement. »

« Martin Luther, augustin de profession,
docteur et professeur en théologie dans
l'université de Witemberg... eut de la force
dans le génie, de la véhémence dans ses
discours, une éloquence vive et impétueuse,
qui entraînait les peuples et les ravissait ;
une hardiesse extraordinaire quand il se vit
soutenu et applaudi ; » ainsi nous est dépeint
le grand réformateur ; puis Bossuet signale
le fondement de la réforme de Luther sur
la *justification* c'est-à-dire sur le fait d'être
justifié ou de pécheur être fait juste.

Mais le 18 juin 1520, Léon X publie sa
bulle de condamnation et Luther devient
violent et écrit : « Contre la bulle de l'Anté-

christ... De même qu'ils m'excommunient, je les excommunie aussi à mon tour. »

Bossuet s'écrie : « Enflé de son savoir, médiocre au fond, mais grand pour le temps, et trop grand pour son salut et pour le repos de l'Église, il se mettait au-dessus de tous les hommes, et non seulement de ceux de son siècle, mais encore des plus illustres des siècles passés. »

Puis c'est le traité de Luther sur le libre arbitre : *De servo arbitrio* qui est réfuté, ainsi que ses idées, sur la transsubstantiation, sur les prières adressées aux saints, sur l'oblation, etc.

Luther décide que saint Jérôme et tous les saints Pères, au lieu de défendre la continence, eussent mieux fait de se marier.

« Le pape, dit Luther, est si plein de diables, qu'il en crache, qu'il en mouche... Mon petit Paul, mon petit Pape, mon petit ânon, allez doucement ; il fait glacé : vous vous rompriez une jambe, vous vous gâteriez ; et on dirait : Que diable est ceci ? Comme le petit papelin s'est gâté. »

Érasme tente vainement d'adoucir les emportements de Luther. Il écrit à Mélanchthon : « tout ce qu'il entreprend de soutenir, il le pousse jusqu'à l'extrémité et jusqu'à l'excès ».

Et Calvin écrit à son confident Bullinger :
« qu'on ne pouvait plus souffrir les emportements de Luther, à qui son amour-propre ne
permettait pas de connaître ses défauts, ni
d'endurer qu'on le contredît ».

Malgré ce caractère irascible nous voyons
Luther à quarante-cinq ans, en 1525, dans le
fort des guerres civiles d'Allemagne, prier à
souper le pasteur Poméranus, un peintre et
un avocat et épouser, avec les cérémonies
requises, *la Borée*, c'était le nom de cette
jeune religieuse de qualité et d'une beauté
rare.

Carlostad avait précédé Luther dans la vie
matrimoniale, ce qui n'avait pas laissé de faire
scandale.

« La mort de Luther, dit Bossuet, fut
bientôt suivie d'une autre mort, qui causa de
grands changements dans la religion. Ce fut
celle de Henri VIII, qui, après avoir donné de
si belles espérances dans les premières années
de son règne, fit un si mauvais usage des rares
qualités d'esprit et de corps que Dieu lui avait
données. »

Après Henri VIII, premier réformateur,
vient, à son tour, le duc de Sommerset, qui

« ne songeait qu'à bâtir le plus magnifique
palais qu'on eût jamais vu ; et pour comble
d'iniquité, il le bâtissait des ruines d'églises
et d'hôtels d'évêques, et des revenus que lui
cédaient les évêques et les chapitres ; car il
fallait bien lui céder tout ce qu'il voulait ».

Et en passant par le colloque de Poissy,
en 1561, sous la régence de Catherine de
Médicis et l'influence du cardinal de Lorraine,
Bossuet continue son brillant exposé où il
dissèque, quand il le faut, minutieusement, les
textes qui ont engendré toutes ces controverses et fait preuve de son érudition habituelle ainsi que de tout l'éclat d'un si beau
style, limpide comme le diamant. Au livre VI
des *Variations*, c'est un véritable divertissement
que de lire l' « Instruction donnée au docteur
Martin Bucer, par Philippe, landgrave de
Hesse, sur les choses qu'il doit demander ins-
tamment aux docteurs Martin Luther, et
Philippe Mélanchthon, et, si ces derniers le
jugent à propos, à l'électeur de Saxe ».

« Il commencera par leur souhaiter de ma
part toute sorte de biens et de prospérités, et
leur témoignera combien je serai ravi d'apprendre qu'ils sont en bonne santé de corps
et d'esprit... peu de temps après mon mariage,

je me suis plongé dans l'adultère et la fornication. D'ailleurs, j'ai lu dans plusieurs endroits de saint Paul, qu'aucun fornicateur et adultère ne possédera le royaume de Dieu. »

Mais pourquoi ce landgrave s'est-il marié puisqu'il ajoute :

« Premièrement, quand je l'épousai, je n'avais aucun goût, aucune inclination pour elle ; les officiers de la Cour, les dames qui sont à son service, et plusieurs autres, connaissent son humeur difficile, son caractère peu aimable, savent qu'elle sent mauvais, et que quelquefois elle boit avec excès. J'ai peine à m'expliquer sur ces choses, que j'ai pourtant découvertes à Bucer. »

Il a l'air, au contraire, de s'épancher, de tout dire, de se décharger comme un nuage d'orage. Au reste c'est là un exemple qui peut rétablir dans le monde le goût aux mariages d'inclination tout comme le « Génie du Christianisme » de Chateaubriand a rétabli les processions !

Oui mais voilà une confession sur lui-même : « Secondement, les médecins savent que je suis d'une complexion vigoureuse. Or, étant souvent obligé de me trouver aux assemblées de l'empire, où l'on fait bonne chère, il est aisé de voir que je ne puis m'y passer d'une femme, et que d'en amener une d'une si grande qualité, ce serait un trop grand embarras. »

« Qui veut noyer son chien l'accuse de la rage », nous affirmera plus tard Molière.

En tout cas, il est aisé de sentir que ce particulier vigoureux est en quête d'un second mariage. Son tempérament excessif paraît l'y obliger.

« Mes prédicateurs ne cessent point de me remontrer qu'il est de mon devoir de punir les crimes, tels que la fornication et d'autres. Je voudrais bien le faire ; mais comment oserais-je punir des crimes où je suis plongé moi-même ? »

Là, c'est Corneille qui lui pourrait répondre :

> « Instruisez-le d'exemple, et rendez-le parfait,
> Expliquant à ses yeux vos leçons par l'effet. »

Et voilà ce renard qui pour atteindre son but immoral invoque Abraham et les anciens à qui la permission qu'il désire avait été donnée déjà.

« Saint Paul ne dit rien de ceux qui ont deux femmes... et l'empereur Valentinien, dont les historiens, saint Ambroise et d'autres savants hommes font l'éloge, avait **deux** femmes.

« Le pape lui-même, de l'autorité duquel je fais fort peu de cas, permit à un certain comte, qui fit un pèlerinage au Saint-Sépulcre, et qui s'était remarié, parce qu'il croyait sa femme morte, de les garder toutes deux à la fois.

« Je ne veux pas demeurer plus long-temps dans les lacets du démon... si je me mariais secrètement, Dieu n'y serait point offensé. »

A son honneur, il n'a pas comme La Fontaine ou Jean-Jacques Rousseau abandonné ses enfants : « Je veux aussi laisser mes états aux enfants que j'ai eus d'elle, et donner à ceux qui me viendront de la seconde des apanages convenables.

« Si la tentative que je fais de ce côté-là (du côté de Luther) ne me réussit pas... je me flatte d'obtenir de l'empereur tout ce que je voudrai, en donnant une grosse somme d'argent à quelques-uns de ses ministres. »

Eh quoi ! la politique n'était pas alors la dame vertueuse qu'elle est aujourd'hui ? Avoir deux femmes et soudoyer des ministres, mais il est horrible quand on vit sous la troisième

République de remonter dans l'histoire jusqu'à des temps si dépravés !

Quant à la « Consultation de Luther et des autres docteurs protestants sur la Polygamie » elle répond : « Sérénissime Prince et Seigneur.

« Votre Altesse n'ignore pas combien notre église pauvre, misérable, petite et abandonnée a besoin de princes régents vertueux qui la protègent... Nous ne pouvons pas conseiller que l'on établisse, comme par une loi, dans le nouveau Testament, celle de l'ancien, qui permettait d'avoir plus d'une femme... Nous prions Votre Altesse de considérer les dangers où serait exposé un homme convaincu d'avoir introduit en Allemagne une semblable loi qui diviserait les familles et les engagerait en des procès éternels. Dieu a institué le mariage pour être une société de deux personnes, et non pas de plus... c'est là le sens du passage de la Genèse : *Ils seront deux en une seule chair*. Et Dieu a répété dans le chapitre XIX de saint Mathieu ce passage de la Genèse.

« Mais enfin si Votre Altesse est entièrement résolue d'épouser une seconde femme, nous jugeons qu'elle doit le faire secrètement... c'est-à-dire qu'il n'y ait que la personne

qu'elle épousera, et peu d'autres personnes
fidèles qui le sachent, en les obligeant au
secret sous le sceau de la confession. »

Puis il est déconseillé au landgrave de
s'adresser à l'empereur pour cette affaire car
« L'empereur est trompeur et perfide et ne
tient rien des mœurs allemandes.

« Votre Altesse voit qu'il n'apporte aucun
soulagement sincère aux maux extrêmes de la
chrétienté, qu'il laisse le Turc au repos, et
qu'il ne travaille qu'à diviser l'empire, afin
d'agrandir sur ses ruines la maison d'Autriche. Il est donc à souhaiter qu'aucun prince
chrétien ne se joigne à ses pernicieux desseins.
Dieu conserve Votre Altesse. Nous sommes
très prompts à lui rendre service.

« Fait à Vitemberg, le mercredi après la
fête de saint Nicolas, l'an 1539.

« Les très humbles et très obéissants ser-
viteurs, de Votre Altesse.

« Martin Luther, Philippe Mélanchthon,
Martin Bucer, Antoine Corvin, Adam, Jean
Leningue, Juste Wintferte, Denis Mélanther. »

Et ce n'est pas pour blanchir les luthériens
que Bossuet insère ces passages dans son
livre généralement plus austère : « Puisque
cette histoire m'a fait rompre une barrière

que la pudeur m'avait imposée, je ne puis plus dissimuler ce qui se trouve bien imprimé dans les œuvres de Luther (tom. V. Serm. de matrim., f. 123). Il est donc vrai que dans un sermon qu'il fit à Vitemberg pour la réformation du mariage, il ne rougit pas de prononcer ces infâmes et scandaleuses paroles : « Si elles sont opiniâtres (il parle des femmes), « il est à propos que leurs maris leurs disent : « Si vous ne voulez pas, une autre le voudra : « Si la maîtresse ne veut pas venir, que la « servante approche. » Si on entendait un tel discours dans une farce et sur le théâtre, on en aurait honte. Le chef des réformateurs le prêche sérieusement dans l'Église; et comme il tournait en dogmes tous ses excès, il ajoute : « Il faut pourtant auparavant que le mari « amène sa femme devant l'Église, et qu'il « l'admoneste deux ou trois fois ; après, répu- « diez-la, et prenez Esther au lieu de Vasthi. » C'était une nouvelle cause de divorce ajoutée à celle de l'adultère. Thomas Cromwell fut celui que le roi Henri VIII établit son vicaire général au spirituel en 1535, incontinent après sa condamnation, et qu'en 1536, il fit son vice-gérant dans sa qualité de chef souverain de l'Église, par où il le mit à la tête de toutes les affaires ecclésiastiques et de tout l'ordre sacré, quoiqu'il fût un simple laïque, et qu'il soit toujours demeuré tel.

« L'intime ami de Cromwell, et celui qui conduisit le dessein de la réformation anglicane, fut Thomas Cranmer, archevêque de Cantorbéri. »

Cranmer casse d'abord le mariage du roi et d'Anne de Boleyn, ensuite vient l'exécution de cette malheureuse. « Le jour de l'exécution elle se consola, sur ce qu'elle avait ouï dire que l'exécuteur était fort habile ; et d'ailleurs, ajouta-t-elle, j'ai le cou assez petit. Au même temps, dit le témoin de sa mort, elle y a porté la main, et s'est mise à rire de tout son cœur. »

Bossuet continue de tracer l'histoire de cette époque :

« Les six articles publiés de l'autorité du roi et du parlement tinrent lieu de loi durant tout le règne de Henri VIII.

« Dans la déclaration de ces six articles fameux qu'il publia en 1539, il établissait dans le premier la transsubstantiation ; dans le second, la communion sous une espèce ; dans le troisième, le célibat des prêtres avec la peine de mort contre ceux qui y contreviendraient ; dans le quatrième, l'obligation de garder les vœux ; dans le cinquième, les messes particulières ; dans le sixième, la nécessité de la confession auriculaire. Ces articles furent publiés par l'autorité du roi et du parlement, à peine de mort pour ceux qui les combattraient opiniâtrement, et de prison pour les autres, autant qu'il plairait au roi. »

Il faut aussi relire, dans le livre VII des *Variations*, le parallèle entre saint Thomas de Cantorbéri et Thomas Cranmer.

Ce n'est pas sans quelque surprise que nous voyons Henri VIII reprocher à Luther la légèreté de son esprit, les erreurs de sa doctrine et la honte de son mariage scandaleux. Ce monarque qui supplicia le grand chancelier Thomas Morus et Fischer, évêque de Rochester ; cet Henri qui épousa, dans les conditions que l'on sait, Catherine, Anne de Boleyn, Jeanne Seymour, Anne de Clèves, Catherine Howard et Catherine Parr et dont la personnalité offrait tous les caractères que génialement Shakespeare savait peindre.

Nous avons mentionné plus haut le colloque de Poissy. En cet endroit Bossuet fait ainsi la louange du cardinal de Lorraine, archevêque de Reims : « Ayant tout gouverné, sous François II, avec François, duc de Guise, son frère,

il s'était toujours conservé une grande considération ; grand génie, grand homme d'état,
d'une vive et agréable éloquence, savant même,
pour un homme de sa qualité et de ses
emplois, espéra de se signaler dans le public,
et tout ensemble de plaire à la Cour en entrant
dans le dessein de la Reine. C'est ce qui fit
entreprendre cette assemblée de Poissy. »

Combien différent de cet éloge le pamphlet
de l'époque : « Épistre envoyée au Tigre de
la France. Tigre enragé, vipère venimeuse,
sépulcre d'abomination, spectacle de malheur :
jusques à quand sera-ce que tu abuseras de la
jeunesse de nostre Roy ? Ne métras-tu jamais
fin à ton ambition démesurée, à tes impostures,
à tes larcins ? Ne vois-tu pas que tout le
monde les scait, les entend, les congnoist ?...
Qui ne voit rien de sainct que tu ne souilles,
rien de chaste que tu ne violles, rien de bon
que tu ne gastes. »

A toutes les dates de l'Histoire, les opinions sont très partagées.

Lorsque Bossuet dépeint Zuingle, pasteur
de Zurich, il lui attribue plus de feu que de
savoir. Il nous en donne pour preuve « la
Confession de foi qu'il adressa un peu devant
sa mort à François Ier. Là, expliquant l'article

de la vie éternelle, il dit à ce prince : « qu'il
« doit espérer de voir l'assemblée de tout ce
« qu'il y eu d'hommes saints, courageux,
« fidèles et vertueux dès le commencement
« du monde. Là, vous verrez les deux Adam,
« le racheté et le rédempteur. Vous y verrez un
« Abel, un Enoc, un Noé, un Abraham, un
« Isaac, un Jacob, un Juda, un Moïse, un Josué,
« un Gédéon, un Samuel, un Phinées, un Élie,
« un Élisée, un Isaïe avec la Vierge, mère de
« Dieu, qu'il a annoncée, un David, un Ezé-
« chias, un Josias, un Jean-Baptiste, un saint
« Pierre, un saint Paul. Vous y verrez Hercule,
« Thésée, Socrate, Aristide, Antigonus, Numa,
« Camille, les Catons, les Scipions. Vous y
« verrez vos prédécesseurs et tous vos ancê-
« tres qui sont sortis de ce monde dans la foi.
« Enfin, il n'y aura aucun homme de bien,
« aucun esprit saint, aucune âme fidèle, que
« vous ne voyiez là, avec Dieu. »

« Je ne sais pourquoi, ajoute Bossuet, il
n'y a pas mis Apollon ou Bacchus et Jupiter
même. Et voilà ce que Bullinger, son successeur, nous en a donné comme le chef-d'œuvre
et comme le dernier chant de ce cygne mélodieux. Et on ne s'étonnera pas que de tels
gens aient pu passer pour des hommes extra-

ordinairement envoyés de Dieu afin de réformer l'Église ? »

N'est-elle pas assez humoristique la manière dédaigneuse dont le grand aigle se redresse devant ce « *cygne* » d'occasion ?

*
* *

C'est en 1673 que commencèrent les conférences particulières qui se sont prolongées trois années et que Bossuet présidait, où l'abbé Eusèbe Renaudot, l'abbé de Longuerue, l'orientaliste Barthélemi d'Herbelot, avec qui, à soixante-douze ans, Bossuet étudiait encore l'hébreu, les deux frères de Compiègne et de Veil examinaient les textes hébreu et samaritain et les anciennes versions chaldaïque, syriaque, arabe, copte et arménienne.

Nicolas Thoynard, auteur d'une *Harmonie des quatre Évangiles* était chargé de l'examen des Septante et des autres versions grecques.

Sur les marges d'une grande bible de Vitré, tenue par l'abbé Fleury, était couchée la conclusion après la discussion de chaque verset.

Bossuet a publié en latin une très belle *Dissertatio de Psalmis.*

C'est la dernière année de sa vie que Bossuet donne une « Explication de la prophétie d'Isaïe sur l'enfantement de la Sainte Vierge et du cantique de David : le *Psaume XXI* », qu'il fait précéder de ces mots :

« Je me sentais sollicité, durant une convalescence qui ne me permettait pas tout à fait l'usage de mes réflexions, d'entretenir mon esprit de saintes pensées, capables de le soutenir ; et c'est ce qui a produit ces petits écrits.

« Dieu ayant mis dans le cœur de plusieurs personnes pieuses d'en demander des copies, on a eu plus tôt fait de les imprimer, et les voilà tels qu'ils sont sortis d'une étude qui n'a rien eu de pénible. »

Une lettre fut adressée à Bossuet le 17 septembre 1703, à l'occasion de sa *Dissertation sur Grotius*, la voici :

« *Ecce Virgo concipiet, et pariet filium, et vocabitur nomen ejus Emmanuel :* Une Vierge concevra et enfantera un fils, et il sera appelé Emmanuel, c'est-à-dire Dieu avec nous. Is. VII, MATH. 1. 23.

« Cette prophétie n'a pu donner aux Juifs aucune lumière pour connaître que Jésus-Christ fût le Messie ; au contraire, elle a dû leur faire croire qu'il ne l'était pas.

« Donc saint Mathieu n'a pas dû l'alléguer comme prophétie ; donc ce n'en est pas une.

« Je prouve ma proposition :

« Selon la prophétie, le Messie doit naître d'une vierge : les Juifs voient Jésus-Christ, fils d'une femme mariée, sans avoir aucun moyen de juger qu'elle est vierge.

« Le Messie doit s'appeler Emmanuel : Jésus-Christ a un autre nom.

« Donc, les Juifs ont eu raison de croire, aux termes de cette prophétie que Jésus-Christ, fils de Marie, femme de Joseph, n'était pas le Messie. »

Et c'est par trois lettres que Bossuet y a répondu dans lesquelles, remarquons-le, il défend l'Immaculée Conception comme il l'a de même célébrée dans son *Sermon de la Conception de la sainte Vierge*. Eh bien, il vaut la peine de considérer la souplesse de sa réponse à Molanus, abbé de Lokhum, qui lui écrit vers 1691 que l'Église protestante rejette la conception immaculée de la sainte Vierge. « *Nulla quæstio. Non pars Ecclesiae, sed tota Ecclesia Romana immaculatam Beatae Virginis conceptionem pro re indifferenti habet, neque ad fidem pertinente, quod sufficit* », répond simlement Bossuet.

Comme nous l'avons, à diverses fois, signalé, rien ne lui était plus cher que la réunion des deux Églises, et c'est ce qui lui fit répondre à Molanus que la conception immaculée de la Vierge est « une chose indifférente » à l'Église.

Cette fusion, qu'il désirait, aurait eu des conséquences considérables et était d'une conception profondément politique à tous les points de vue.

Revenons au feu de ses controverses avec les ministres protestants et jetons un simple coup d'œil sur l'*Explication de l'Apocalypse*, ou révélation de saint Jean, apôtre, que Bossuet commence de la sorte : « Si on est préparé à quelque chose de grand, lorsqu'en ouvrant les anciennes prophéties, on y voit d'abord, dans le titre, la vision d'Isaïe, fils d'Amos ; les paroles de Jérémie, fils d'Helcias et aussi des autres, combien doit-on être touché lorsqu'on lit, à la tête de ce livre : « La « révélation de Jésus-Christ, fils de Dieu ? »

Et Bossuet note, en passant, l'explication que dans sa *Cité de Dieu* saint Augustin donne de l'Apocalypse où il « considère deux cités, deux villes, deux empires mêlés selon le corps, et séparés selon l'esprit. L'un est l'empire de Babylone, qui signifie la confusion et le trouble ; l'autre est celui de Jérusalem, qui signifie la paix ».

Or, pour les protestants, la Babylone de saint Jean c'était l'Église romaine, l'Antéchrist c'était le Pape. Bossuet s'efforce de montrer, toujours appuyé sur l'Histoire et les Pères, que la Babylone de saint Jean était l'ancienne Rome :

« Tant de beautés de ce divin livre, quoiqu'on ne les aperçoive encore qu'en général et comme en confusion, gagnent le cœur. On est sollicité intérieurement à pénétrer plus avant dans le secret d'un livre, dont le seul extérieur et la seule écorce, si l'on peut parler de la sorte, répand tant de lumière et tant de consolation dans les cœurs.

« C'est une tradition constante de tous les siècles que la Babylone de saint Jean c'est l'ancienne Rome. Saint Jean lui donne deux caractères qui ne permettent pas de la méconnaître. Car, premièrement, c'est la ville aux sept montagnes et, secondement, c'est la grande ville qui commande à tous les rois de la terre. Si elle est aussi représentée sous la figure d'une prostituée, on reconnaît le style ordinaire de l'Écriture qui marque l'idolâtrie par la prostitution... La pourpre dont elle paraît revêtue était la marque de ses empereurs et de ses magistrats. L'or et les pierreries dont elle est couverte font voir des richesses immenses.

« La gloire de Rome fut flétrie par Alaric, son orgueil foulé aux pieds et son empire partagé entre les Barbares, sans espérance de retour.

« Un savant interprète de l'Apocalypse, imprimé très mal à propos sous le nom de saint Ambroise parmi les œuvres de ce Père, mais qui écrivait constamment au VIIe siècle, comme il paraît par les circonstances des histoires qu'il rapporte de son temps, dit clairement que la prostituée du chapitre XVII de l'Apocalypse, assise sur les eaux, est Rome maîtresse des peuples ; que les dix rois du même chapitre, qui doivent détruire la prostituée, sont les Perses et les Sarrasins qui, de son temps, avaient subjugué l'Asie, les Vandales, les Goths, les Lombards, les Bourguignons, les Francs, les Huns, les Alains et les Suèves, qui ont détruit l'Empire romain et qui en ont dévoré les chairs, c'est-à-dire les richesses et les provinces. »

Et constamment Bossuet maintient très vif l'intérêt de sa thèse par des portraits génialement tracés et à la lueur de textes intéressants et précis, il incite, en quelque sorte, chacun à dégager lui-même, de l'Histoire, des conclusions d'un intérêt général.

Nous parle-t-il de la philosophie pythagoricienne, lorsqu'il commente le verset 13 du chapitre XIII : « Elle fit de grands prodiges... » et le verset 14 : « Et elle réduisit les habitants de la terre, par les prodiges qu'elle eut le pouvoir de faire... », il remarque : « C'est toujours la philosophie soutenue de la magie, comme on a dit. Tous les écrits d'Iamblique, tous ceux de Porphyre et des autres, tant estimés de Julien, sont pleins de ces prestiges trompeurs que le peuple prenait pour des miracles ; et la faiblesse de Julien allait encore au delà de celle des autres. On voit dans le même temps une infinité de prodiges de ces philosophes de Julien, et jusqu'à de fausses résurrections des morts rapportées par Eunapius. Julien déclare lui-même la croyance qu'il avait à ces arts, qu'il appelle saints, c'est-à-dire à la magie. »

Nous sommes reportés au temps d'Iamblique, de Julien, de Porphyre, et nous pensons, malgré nous, aux écrits modernes de M. de Rochas sur l'extériorisation de la sensibilité, ainsi qu'à ce prédicateur réputé, le P. Coubé, qui, en 1917, montait en chaire à la Madeleine pour y traiter des tables tournantes auxquelles d'ailleurs il croyait de tout point. Il avait été délégué par ses supérieurs à nombre d'expériences qui l'avaient convaincu.

Le xvii° siècle n'est pas très loin du nôtre et Bossuet, s'il revenait parmi nous, ne serait point surpris par l'exposé de la psychiâtrie ou des tables tournantes.

« C'est la philosophie pythagoricienne, continue-t-il, assistée de la magie, qui conciliait tant de sectateurs, ou, pour mieux dire, tant d'adorateurs à Julien ; car cet empereur, non content de faire revivre la cruauté de Dioclétien, fit revivre encore la doctrine de Porphyre, qui était venu sous Dioclétien au secours de l'idolâtrie. Iamblique, un des sectateurs de ce philosophe, fut respecté de Julien jusqu'à en être adoré comme un de ses dieux. Maxime, de la même secte, eut un pouvoir absolu sur son esprit. L'empereur tomba, dit Socrate, dans la maladie de Porphyre, c'est-à-dire dans ses erreurs. On ne célébrait que Porphyre, qui était le maître commun de toute la secte. Libanius, le panégyriste de Julien, mit ce philosophe parmi les dieux ; et nous apprenons de saint Grégoire de Nazianze, qu'on écoutait ses paroles comme celle d'un dieu. »

Donc, la bête qui sort de la mer, c'est,
pour Bossuet, Rome idolâtre. Le chapitre XIII
de l'Apocalypse, verset 1, dit : « Et je vis
une bête s'élever de la mer, ayant sept têtes
et dix cornes, et dix diadèmes sur ses cornes,
et des noms de blasphème sur ses têtes.

« Personne n'ignore, poursuit Bossuet, la
lettre de Pline le jeune à Trajan (Lib. X, Ep. 97) ;
et on y voit que, pour éprouver les chrétiens,
il leur présentait l'image de l'empereur avec
celle des dieux, afin qu'ils l'adorassent,
en lui offrant de l'encens et des effusions.
On voit encore, dans une lettre de saint Denis,
d'Alexandrie, qu'Émilien, préfet d'Égypte, lui
ordonne de sacrifier aux dieux et aux empereurs.
Et on adorait les empereurs avec d'autant plus
de soumission que c'étaient eux qui faisaient
adorer les autres divinités. C'était là un des
secrets de l'empire et un des moyens de graver
plus profondément dans l'esprit des peuples
la vénération du nom romain. »

Nous pourrions donner encore de multiples
exemples qui ne laisseraient pas que d'être ins-
tructifs comme tout ce, d'ailleurs, que touche
ce sage et poétique historien dont l'érudition
si complète et la combativité savante tiennent
ses lecteurs constamment sous le charme.

Le *Cantique de David*, les *Prophéties d'Isaïe*, la *Révélation de saint Jean*, à l'île de Patmos étaient des chants dignes de sa lyre. Et sur cette lyre, à la façon d'un prisme qui tamise la lumière en la décomposant, il a, de ces poèmes anciens, scandé, isolé, mis en relief un choix de finesses et de beautés.

C'est en 1689 que Bossuet a publié l'*Explication* commentée ci-dessus. De 1689 à 1691 il répondit par six *Avertissements aux protestants* à toutes les attaques que le ministre Jurieu avait faites contre les deux volumes de l'*Histoire des Variations*, publiés en 1688. Que l'on soit ou non du même avis que Bossuet quant au dogme, à la netteté de la révélation, aux cérémonies du culte, on ne peut là, encore, méconnaître sa lumineuse supériorité.

Ils représentent un travail considérable, ces *Avertissements*. C'est un gros volume composé avec fougue. M. Jurieu discute, *à coups de cailloux*, écrit un de ses contemporains, et cela nous allons le montrer sans tarder ; Bossuet se complaît à mettre en relief les attaques injurieuses du ministre et les condamne avec une ironie calme et très spirituelle.

« Je suis, dit M. Jurieu, tenté de croire que M. Bossuet n'a jamais jeté les yeux sur les quatre premiers siècles. Comment se pourrait-il faire qu'un homme savant pût donner une marque d'une si profonde ignorance ? » Bossuet se contente de remarquer :

« Il est en colère, vous le voyez. Il voudrait bien avoir avec moi une dispute d'injures, ou que je perdisse le temps à répondre aux siennes ; mais ce n'est pas de quoi il s'agit.

« M. de Meaux, poursuit Jurieu, a fait précisément comme une bête de charge qui, tombant écrasée sous son fardeau, crève et en mourant jette des ruades pour crever ce qu'elle atteint.

« Je n'ai rien à lui répliquer, sinon qu'il a toujours de nobles idées », repartit simplement M. de Meaux qui continue, sans en omettre une maille, le long tissu de ses arguments fort nourris contre l'hérésie du ministre, laquelle, pour Bossuet, rappelle celle des *sabelliens*, des *ariens*, des *nestoriens*, des *eutychiens*. Et, après *Eutychès*, Bossuet le compare à *Socin*, créateur de la secte des *sociniens*, pour qui l'âme meurt avant le corps et pour qui, également, Jésus-Christ n'est qu'un homme. Et encore aux *quakers* ou *trembleurs* qui professent que les Écritures ne sont que la déclaration de la source d'où elles procèdent et non pas cette même source.

Laissant ces discussions théologiques, nous nous proposons de justifier ce que, plusieurs fois déjà nous avons laissé entendre, que Bossuet était un grand homme d'État. Il nous suffit de prendre le *Cinquième Avertissement* qui est une merveille de discussion politique.

Ni les arguments, d'ailleurs, ni le style d'une souplesse éclatante n'ont, le moins du monde, vieilli. On dirait d'un Mirabeau, d'un Vergniaud répondant à la Montagne. On pourrait y reconnaître des parlementaires glorieux, un Arago, un Lamartine, un Guizot, un Blanqui dressé devant des exaltés et qui planerait dans les hautes sphères où les principes de tout gouvernement demeurent immuables, parce que conformes à l'expérience et à la raison. Ce serait encore Jules Ferry, Gambetta, Clémenceau qui bondirait à une tribune devant des bolchevistes assemblés.

Puisque, aussi bien, tout le monde a lu le *Contrat Social*, de Rousseau, il est loisible à chacun, de faire ici une comparaison rigoureuse entre les arguments que le plus éloquent des conservateurs sociaux opposait, cent ans d'avance, au plus éloquent des démolisseurs.

« Ce que M. Jurieu voudrait établir, c'est

dans toutes les monarchies, et même dans les plus absolues, la réserve du pouvoir du peuple pour changer le gouvernement dans le besoin. Ce que les nouveaux rabbins ont imaginé de la puissance du grand sanhédrin, ou du conseil perpétuel de la Nation, où ils prétendent qu'on jugeait les crimes des rois, ni ne paraît dans l'acte qu'on fit en faveur de Simon, ni ne se trouve dans la loi, ni n'est fondé sur aucun exemple ni dans l'ancienne ni dans la nouvelle monarchie, ni on n'en voit rien dans l'Histoire sainte ou dans Josèphe ou dans Philon, ou dans aucun ancien auteur ; au contraire, tout y répugne, et on n'a jamais vu en Israël de jugement humain contre les rois, si ce n'est peut-être après leur mort, pour leur décerner l'honneur de la sépulture royale, ou les en priver : coutume qui vient des Égyptiens.

« Lorsqu'on allègue cette loi fameuse : que la loi suprême est le salut du peuple, je l'avoue ; mais ce peuple a mis son salut à réunir toute sa puissance dans un seul ; par conséquent à ne rien pouvoir contre ce seul à qui il transportait tout. Ce n'était pas qu'on n'eût vu les inconvénients de l'indépendance du prince, puisqu'on a vu tant de mauvais rois, tant d'insupportables tyrans ; mais c'est qu'on voyait encore moins d'inconvénients à les souffrir, quels qu'ils fussent, qu'à laisser à la multitude le moindre pouvoir. »

Arrêtons-nous un instant devant une réflexion trouvée dans l'œuvre de Proudhon : « Le seul ennemi contre lequel la liberté ait à se tenir en garde, ce n'est pas au fond l'autorité, que tous les hommes adorent comme si elle était la justice : c'est la liberté même, liberté du prince, liberté des grands, liberté des multitudes. »

Ne se ressemblent-ils pas, ces préceptes de Bossuet et de Proudhon ? Les époques différaient pourtant, les vérités étaient les mêmes. Ce sont des plantes vivaces, aux couleurs indélébiles, que l'on voit briller toujours en quelque livre, même en pleine révolution. Ainsi, passant de l'époque où le pouvoir était assuré, affermi, absolu, dans la main d'un monarque avisé et énergique, au temps troublé de *Quarante-huit* où le gouvernement n'était que *provisoire*, où l'ouvrier *Marche* venait signifier à Lamartine et à Louis Blanc la volonté populaire, où le gouvernement abolissait la peine de mort en matière politique, acte que Garnier-Pagès a nommé : « le baptême qui sanctifiait la République dans le présent, et qui lui ouvrait, à tout jamais, l'avenir », au temps, donc, où

Lamartine chassait le drapeau rouge en rappelant au peuple que le drapeau tricolore avait fait le tour du monde avec la République et l'Empire, avec nos libertés et nos gloires, alors que le drapeau rouge, lui, n'avait fait que le tour du Champ-de-Mars, traîné dans le sang du peuple, en ce temps, comme en l'autre, la pire tyrannie fut définie par deux hommes différents : c'était pour eux la *liberté des multitudes.*

« C'est donc pour cette raison, continue Bossuet, que, malgré l'expérience de l'ancienne monarchie, on ne laissa pas de fonder sur les mêmes principes la monarchie renaissante. Elle périt par les dissensions qui arrivèrent dans la maison royale. Le peuple qui voyait le mal ne songea pas seulement qu'il pût y remédier. Les Romains se rendirent les maîtres, et donnèrent le royaume à Hérode, sous qui, sans doute, on ne songeait pas que la souveraine puissance résidât dans le peuple. Quand les Romains la reprirent, sous les Césars, le peuple ne songeait non plus qu'il lui restât le moindre pouvoir pour se gouverner, loin de l'avoir sur ses maîtres, et c'est cet état de souveraineté, si indépendante sous les Césars, que Jésus-Christ autorise, lorsqu'il dit : *Rendez à César ce qui est à César.*

Et l'avons-nous assez entendu ce principe qu'il ne fallait point se mêler de la politique intérieure des États. C'est la règle que Bossuet conseille :

« Je ne prétends pas disputer qu'il n'y en puisse avoir d'une autre forme, ni examiner si celle-ci est la meilleure en elle-même ; au contraire, sans me perdre ici dans de vaines spéculations, je respecte dans chaque peuple le gouvernement que l'usage y a consacré, et que l'expérience a fait trouver le meilleur.

« J'ai vengé le droit des rois et de toutes les puissances souveraines ; car elles sont toutes également attaquées, s'il est vrai, comme on le prétend, que le peuple domine partout, et que l'État populaire qui est le pire de tous, soit le fond de tous les États. »

Puis c'est la charge à fond sur le ministre Jurieu et ses principes politiques, controverse de logique politique où notre grand classique révèle, une fois de plus, sa puissance d'argumentation variée et juste : « Il n'y aurait qu'à mépriser ces vains politiques qui, sans connaissance du monde ou des affaires publiques, pensent pouvoir assujétir les trônes des rois aux lois qu'ils dressent parmi leurs livres, ou qu'ils dictent dans leurs écoles. Je laisserais

donc volontiers discourir M. Jurieu sur les
droits du peuple ; et je n'empêcherais pas
qu'il se rendît l'arbitre des rois, au même titre
qu'il est prophète ; mais afin que le monde,
qui est étonné de son audace, soit convaincu
de son ignorance, je veux bien, en finissant
cet avertissement, parmi les absurdités infinies de ses vains discours, en relever quatre
ou cinq des plus grossières. »

« Il a bâti une politique également propre
à soulever tous les États. En voici l'abrégé :
« Le peuple fait les souverains et donne la
« souveraineté : donc le peuple possède la
« souveraineté, et la possède dans un degré
« plus éminent ; car celui qui communique,
« doit posséder ce qu'il communique d'une
« manière plus parfaite : et quoiqu'un peuple
« qui a fait un souverain ne puisse plus exer-
« cer la souveraineté par lui-même, c'est
« pourtant la souveraineté du peuple qui est
« exercée par le souverain ; et l'exercice de
« la souveraineté qui se fait par un seul,
« n'empêche pas que la souveraineté ne soit
« dans le peuple comme dans sa source, et
« même comme dans son premier sujet ».

« Ce qui d'abord se fait sentir dans ce
discours, réplique Bossuet, ce sont les con-

tradictions dont il est plein. « Le peuple,
« dit-on, donne la souveraineté ; donc il la
« possède. » Ce serait plutôt le contraire qu'il
faudrait conclure ; puisque si le peuple l'a
cédée, il ne l'a plus ; ou en tout cas, pour
parler avec M. Jurieu, il ne l'a que dans le
souverain qu'il a créé. C'est ce que le ministre vient d'avouer en disant, « qu'un peuple
« qui a fait un souverain ne peut plus exer-
« cer la souveraineté par lui-même », et que
sa souveraineté est exercée par le souverain
qu'il a fait.

« Il n'en faut pas davantage pour renverser tout le système du ministre. Car tout ce
où il veut venir par ses principes, c'est que
le peuple peut faire la loi à son souverain en
certains cas, jusqu'à lui déclarer la guerre,
le priver comme on l'a dit, de sa couronne,
changer la succession et même le gouvernement. Or tout cela est contre la supposition
que le ministre vient de faire. Car sans doute
ce ne sera pas par le souverain que le peuple
fera la guerre au souverain même et lui ôtera
sa couronne.

« Mais sans encore examiner les conséquences du système, allons à la source, et
prenons la politique du ministre par l'endroit

le plus spécieux. Il s'est imaginé que le peuple est naturellement souverain; ou pour parler comme lui, qu'il possède naturellement la souveraineté, puisqu'il la donne à qui il lui plaît : or cela c'est errer dans le principe, et ne pas entendre les termes. » Et c'est là où il faut, en pensant à Rousseau, bien peser les termes de cette superbe thèse : « Car à regarder les hommes comme ils sont naturellement, et avant tout gouvernement établi, on ne trouve que l'anarchie, c'est-à-dire, dans tous les hommes une liberté farouche et sauvage, où chacun peut tout prétendre, et en même temps tout contester ; où tous sont en garde, et par conséquent en guerre continuelle contre tous ; où la raison ne peut rien, parce que chacun appelle raison la passion qui le transporte. »

N'est-ce pas parmi cent autres un exemple parfait de sa justesse d'expression lorsqu'il parle d'un état « où la raison ne peut rien, parce que chacun appelle raison la passion qui le transporte » ? La suite n'est pas moindre : « où le droit même de la nature demeure sans force, puisque la raison n'en a point ; où par conséquent il n'y a ni propriété, ni domaine, ni bien, ni repos assuré, ni à dire vrai, aucun droit, si ce n'est celui du plus fort ; encore ne sait-on jamais qui l'est, puisque chacun, tour à tour, peut le devenir, selon que les passions feront conjurer ensemble plus ou moins de gens.

« Savoir si le genre humain a jamais été tout entier dans cet état, ou quels peuples y ont été et en quels endroits, ou comment et par quel degré on en est sorti ; il faudrait pour le décider compter l'infini, et comprendre toutes les pensées qui peuvent monter dans le cœur de l'homme.

« Il faudrait pour le décider compter l'infini. » A coup sûr ! Déjà La Bruyère commençait ses *Caractères* par cette phrase : « Tout est dit ; et l'on vient trop tard depuis plus de sept mille ans qu'il y a des hommes, et qui pensent. » Il comptait étonner ses lecteurs par une si longue période de temps.

Mais depuis La Bruyère, l'enseignement des sciences naturelles s'est modifié. C'est ainsi qu'à propos de la merveilleuse industrie que dénote l'instinct des abeilles pour se protéger l'hiver, M. Edmond Perrier remarque que pendant *quarante millions d'années*, il n'y a pas eu d'hiver sur le globe, et que depuis *trois millions d'années* que l'hiver sévit, les abeilles ont eu le temps de se transmettre par atavisme, les principes instinctifs de leur conservation.

« Il faudrait pour le décider, compter l'infini », écrit Bossuet. Rousseau dira plus tard : « Comment ce changement s'est-il fait ? Je l'ignore... » ce qui est absolument la même chose.

Mais n'interrompons pas Bossuet dans la conclusion de son vigoureux exposé :

« S'imaginer, maintenant, avec M. Jurieu, dans le peuple considéré en cet état, une souveraineté, qui est déjà une espèce de gouvernement, c'est mettre un gouvernement avant tout gouvernement, et se contredire soi-même. Loin que le peuple en cet état soit souverain, il n'y pas même de peuple en cet état. Il peut bien y avoir des familles, et encore mal gouvernées et mal assurées ; il peut bien y avoir une troupe, un amas de monde, une multitude confuse : mais il ne peut y avoir de peuple, parce qu'un peuple suppose déjà quelque chose qui réunisse quelque conduite réglée et quelque droit établi ; ce qui n'arrive qu'à ceux qui ont déjà commencé de sortir de cet état malheureux, c'est-à-dire, de l'anarchie. »

Et il s'explique encore plus :

« C'est néanmoins du fond de cette anarchie que sont sorties toutes les formes de gouvernements : la monarchie, l'aristocratie, l'état populaire et les autres ; et c'est ce qu'ont voulu dire ceux qui ont dit que toutes sortes de magistratures ou de puissances légitimes venaient originairement de la multitude ou du peuple. Mais il ne faut pas en conclure de là, avec M. Jurieu, que le peuple comme un souverain ait distribué les pouvoirs à chacun : car pour cela il faudrait déjà qu'il eût ou un souverain, ou un peuple réglé ; ce que nous voyons qui n'était pas. »

Cela, c'est d'un bon sens sublime. Maintenant nous allons établir, en citant le texte du *Contrat Social*, dans un chapitre qui est montré partout comme une création transcendante de Rousseau, que l'illustre évêque, qui l'a précédé d'un siècle, ne lui a même pas laissé le loisir d'inventer ce passage :

« Les clauses du contrat social, bien entendues, se réduisent toutes à une seule, savoir l'aliénation totale de chaque associé avec tous ses droits à toute la Communauté ; car, premièrement, chacun se donnant tout entier, la condition est égale pour tous ; et, la condition étant égale pour tous, nul n'a intérêt de la rendre onéreuse aux autres. De plus, chacun, se donnant à tous, ne se donne à personne ; et comme il n'y a pas un associé sur lequel on n'acquière le même droit qu'on lui cède sur soi, on gagne l'équivalent de ce qu'on perd, et plus de force pour conserver ce qu'on a. »

Voici maintenant Bossuet : « Il ne faut non plus s'imaginer que la souveraineté ou la puissance publique soit une chose comme subsistante, qu'il faille avoir pour la donner ; elle se forme et résulte de la cession des particuliers, lorsque, fatigués de l'état où tout le monde est le maître et où personne ne l'est, ils se sont laissé persuader de renoncer à ce droit qui met tout en confusion, et à cette liberté qui fait tout craindre à tout le monde, en faveur d'un gouvernement dont on convient.

« Un gouvernement dont on convient » à la place d'un régime, d'un droit « qui met tout en confusion » et d'une liberté « qui fait tout craindre à tout le monde » est bien, il nous semble, l'équivalent de l'organisation sociale dans laquelle « chacun se donnant à tous, ne se donne à personne » et où l'on gagne « l'équivalent de ce qu'on perd, et plus de force pour conserver ce qu'on a ».

Lorsque le ministre Jurieu demande à

Bossuet pourquoi un peuple se serait donné un maître si puissant ? il lui est répondu : « C'est la raison qui a obligé les peuples les plus libres, lorsqu'il faut les mener à la guerre, de renoncer à leur liberté pour donner à leurs généraux un pouvoir absolu sur eux : on aime mieux hasarder de périr même injustement par les ordres de son général, que de s'exposer par la division à une perte assurée de la main des ennemis plus unis. »

Jurieu n'a pu faire de meilleure objection à cette réponse qu'à ce texte qui l'a suivie : « C'est par le même principe qu'on a vu un peuple très libre, tel qu'était le peuple romain, se créer même dans la paix un magistrat absolu, pour se procurer certains biens et éviter certains maux, qu'on ne peut éviter ni se procurer qu'à ce prix.

« C'est ce qui fait admirer à Tite-Live, la sagesse du peuple romain, si capable de porter le joug d'un commandement légitime, qu'il opposait volontairement à sa liberté, quelque chose d'invincible à elle-même, de peur qu'elle ne devînt trop licencieuse : *Adeo sibi invicta quœdam patientissima justi imperii civitas fecerat.* »

Sans abandonner jamais sa transparence de style et d'idée Bossuet multiplie, sans

effort apparent, ses démonstrations irréfu-
tables : « C'est par de semblables raisons
qu'un peuple qui a éprouvé les maux, les
confusions, les horreurs de l'anarchie, donne
tout pour les éviter... Il ne croit pas pour
cela donner à ses souverains un pouvoir sans
bornes. Car, sans parler des bornes de la
raison et de l'équité, si les hommes n'y sont
pas assez sensibles, il y a les bornes du
propre intérêt, qu'on ne manque guère de
voir, et qu'on ne méprise jamais quand on
les voit. C'est ce qui a fait tous les droits des
souverains, qui ne sont pas moins les droits
de leurs peuples que les leurs. »

Et puisque nous avons la bonne fortune
d'accompagner cet éloquent champion du bon
sens éternel dans une controverse qui semble
le passionner, dégageons encore deux ou trois
exemples dans ses périodes qui captiveront
les lecteurs de tous les siècles, parce que les
vérités s'y trouvent enchâssées, diaphanes et
éclatantes, comme des parures de cristal :

« C'est donc une grande erreur de croire
avec M. Jurieu, qu'on ne puisse donner des
bornes à la puissance souveraine, qu'en se
réservant sur elle un droit souverain. Ce que
vous voulez faire faible à vous faire du mal,

par la condition des choses humaines, le devient autant à proportion à vous faire du bien.

« Le prince même, sent qu'il faut faire aimer le gouvernement, pour le rendre stable et perpétuel.

« Sans craindre qu'on les contraigne, les rois habiles se donnent eux-mêmes des bornes pour s'empêcher d'être surpris ou prévenus ; ils s'astreignent à certaines lois, parce que la puissance outrée se détruit enfin d'elle-même. »

Nous eûmes l'occasion de trouver Bossuet épris de l'histoire de Rome, nous verrons cela plus brillamment encore dans son *Discours*. Néanmoins, il ne manque pas, à la page même qui nous occupe, de signaler ceci :

« Je ne sais s'il y eut jamais dans un grand empire, un gouvernement plus sage et plus modéré qu'a été celui des Romains dans les provinces. On sentait bien qu'il ne fallait point tarir les sources publiques, ni accabler ceux dont on tirait du secours. »

III

DISCOURS SUR L'HISTOIRE
UNIVERSELLE

L'abbé qui a traduit la *Philosophie de l'Histoire* de Schlegel semble préférer l'ordre suivi par cet auteur à celui du *Discours sur l'Histoire Universelle*. Bossuet n'en a pas moins par son *Discours*, créé la philosophie de l'histoire.

Ce n'est plus comme dans ses *Oraisons Funèbres* un grand du monde, dont il nous dépeint la naissance, les éclats de sa vie auxquels l'homme se mesure, au lieu « qu'il ne s'avise jamais de se mesurer à son cercueil, qui seul néanmoins le mesure au juste », puis la mort.

Ce sont les empires qu'il fait surgir à leur date ; montrant la courbe de leur histoire, puis leur disparition de la scène du monde, au moment que le Créateur a choisi. D'autres empires naissent qui montent, conquièrent, dominent et prospèrent jusqu'au jour où aveuglés, chancelants, ils titubent et s'écroulent. Poussière, voilà l'aboutissant de tous les orgueils, de toutes les pompes, de tous les attentats de puissance à puissance.

Dans la *Peau de Chagrin*, Balzac se demande combien de centimètres de poussière feraient autour du globe tous les royaumes détruits.

Telle ville, en effet, qui sur le Guadalquivir, était, sous Trajan, une véritable capitale, n'est plus, de nos jours, qu'un amas de maisons quelconques, sans industrie, sans commerce où resplendit parfois encore une majestueuse mosquée, à Cordoue par exemple.

Ce n'est pas que ces villes éteintes aient été, comme les Sporades, îles brillantes dans l'antiquité, ravagées depuis par des Sarrasins ou par des Turcs, mais leur consomption est simplement l'œuvre de la fainéantise et du manque d'instruction.

Bossuet divise en trois parties son *Discours sur l'Histoire universelle : la Suite des Temps, la Suite de la Religion* et *les Empires*.

« Quand l'histoire serait inutile aux autres hommes, il faudrait la faire lire aux princes. Il n'y a pas de meilleur moyen de leur découvrir ce que peuvent les passions et les intérêts, les temps et les conjonctures, les bons et les mauvais conseils... Si l'expérience leur est nécessaire pour acquérir cette prudence qui fait bien régner, il n'est rien de plus utile à leur instruction, que de joindre aux exemples des siècles passés les expériences qu'ils font tous les jours. »

C'est un début digne de l'auteur, il ne pouvait en choisir de meilleur, le style continue aussi imagé, aussi limpide, aussi brillant : « Lorsqu'ils voient jusqu'aux vices les plus cachés des princes, malgré les fausses louanges qu'on leur donne pendant leur vie, exposés aux yeux de tous les hommes, ils ont honte de la vaine joie que leur cause la flatterie, et ils connaissent que la vraie gloire ne peut s'accorder qu'avec le mérite. »

C'est d'un précepteur, d'un évêque, d'un historien, d'un philosophe, mais surtout d'un orateur. Écoutons comment le chant se poursuit. Ceux qui, en littérature, n'ont pas su goûter le charme exquis de ces harmonies, ont été privés, en ce qui concerne notre prose, de son trésor le plus pur :

. « D'ailleurs il serait honteux, je ne dis pas à un prince, mais en général à tout honnête homme, d'ignorer le genre humain et les changements mémorables, que la suite des temps a fait dans le monde. Si l'on n'apprend de l'histoire à distinguer les temps, on représentera les hommes sous la loi de la nature, ou sous la loi écrite, tels qu'ils sont sous la loi évangélique ; on parlera des Perses vaincus sous Alexandre, comme on parle des Perses victorieux sous Cyrus ; on fera la Grèce aussi libre du temps de Philippe, que du temps de Thémistocle où de Miltiade ; le peuple romain aussi fier sous les empereurs que sous les consuls ; l'Église aussi tranquille sous Dioclétien que sous Constantin ; et la France, agitée de guerres civiles du temps de Charles IX et de Henri III, aussi puissante que du temps de Louis XIV, où, réunie sous un si grand roi, seule elle triomphe de toute l'Europe. »

Nous débarquâmes, autrefois, à plusieurs dans une toute petite ville du sud du Brésil ; un de nos compagnons venait de Milan, tout près de la cathédrale et divertissante fut la réflexion que j'entendis. Avec un sourire d'ironique déception, lorsque nous abordions, il nous fit remarquer ces masures qui auraient paru de simples tentes si l'on n'avait cependant distingué les pierres. « Un Européen, dit-il, lorsqu'il aperçoit ces bâtisses basses et laides, pense à part soi, qu'il entre dans quelque chose d'inférieur ! » Il faut avoir eu besoin de trouver un gîte dans ces piètres agglomérations, à dix mille kilomètres de chez soi, pour goûter tout le sel d'une si juste exclamation.

C'est l'opposé qui se produit pour nous lorsque nous — entrons — dans un ouvrage où le style, à côté de celui que nous lisons tous les jours, est vraiment comparable à une cathédrale !

La première partie du *Discours* a pour titre : *Les Époques ou la Suite des Temps* et part de la création du monde. « C'est par où commence Moïse, le plus ancien des historiens, le plus sublime des philosophes, et le plus sage des législateurs. » Suivant l'ordre de la Genèse, Bossuet signale la vie pastorale d'Abel opposée à l'avarice de son frère « la jalousie mère des meurtres et la prodigieuse malignité du cœur humain, toujours porté à faire le mal ».

« La tradition du déluge universel se trouve par toute la terre..., les temps con-

cordent, et tout se rapporte, autant qu'on le
pouvait espérer dans une antiquité aussi
reculée. »

Après avoir vu défiler Japhet, Cham, Sem
et Nemrod, nous trouvons Ninive construite
et les quatre principautés d'Égypte établies :
« Celle de Thèbes, celle de Thin, celle de
Memphis et celle de Tanis : c'était la capitale
de la basse Égypte. On peut rapporter à ce
temps, le commencement des lois et de la
police des Égyptiens ; celui de leurs pyramides, qui durent encore, et celui des obser-
vatoires astronomiques tant de ces peuples
que des Chaldéens. »

Nous sommes par ce lointain recul, transportés aux sources primitives des commencements du monde connu. Et la suite :

« La terre qui n'était au commencement
qu'une forêt immense, prend une autre forme ;
les bois abattus font place aux champs, aux
pâturages, aux hameaux, aux bourgades, et
enfin aux villes. On eut d'abord à combattre
les bêtes farouches. Les premiers héros se
signalèrent dans ces guerres. Elles firent
inventer les armes, que les hommes tournèrent après contre leurs semblables. »

Nous arrivons à Abraham, Isaac et Jacob

de qui naissent douze patriarches, pères des douze tribus du peuple hébreu : parmi lesquelles Lévi et Juda, d'où devait sortir le Christ.

Une colonie égyptienne s'établit en Grèce, fonde douze bourgs qui deviennent le royaume d'Athènes.

Puis, avec Moïse, commence le temps de la loi écrite qui dure jusqu'à Jésus-Christ.

« Moïse meurt, et laisse aux Israélites toute leur histoire qu'il avait sagement digérée dès l'origine du monde jusques au temps de sa mort. Cette histoire est continuée par l'ordre de Josué et de ses successeurs. On la divise depuis en plusieurs livres ; et c'est de là que nous sont venus le livre de Josué, le livre des Juges, et les quatre livres des Rois. L'histoire que Moïse avait écrite, et où toute la loi était renfermée, fut aussi partagée en cinq livres qu'on appelle Pentateuque, et qui sont le fondement de la religion. »

Nous arrivons à pas de géant à la Prise de Troie « un si grand événement, célébré par les deux plus grands poètes de la Grèce et de l'Italie » et à notre mémoire sont rappelés les héros de la Toison d'or, Jason, Hercule, Orphée, Castor et Pollux.

Puis c'est « la force prodigieuse d'un Samson, et sa faiblesse étonnante » et Salomon bâtit le temple de Dieu avant de finir dans de « honteuses faiblesses. Il s'abandonne à l'amour des femmes ; son esprit baisse, son cœur s'affaiblit, et sa piété dégénère en idolâtrie ».

Voici la fondation de Carthage « que Didon, venue de Tyr, bâtit en un lieu où, à l'exemple de Tyr, elle pouvait trafiquer avec avantage et aspirer à l'empire de la mer », et les temps où Hésiode et Homère fleurissent, puis Lycurgue qui donne des lois à Lacédémone.

Bossuet signale dans les royaumes de Juda et d'Israël « des spectacles effroyables », Jézabel, Athalie et Joas.

Du rétablissement des jeux olympiques sont venues les olympiades « par où les Grecs comptaient les années. A ce terme finissent les temps que Varron nomme fabuleux, parce que jusqu'à cette date, les histoires profanes sont pleines de confusion et de fables, et commencent les temps historiques, où les affaires du monde sont racontées par des relations plus fidèles et plus précises ».

Rome est fondée et chez les Mèdes,

Déjocès, leur premier roi, « fonda la superbe ville d'Ecbatane, et jeta les fondements d'un grand empire.

« Rome en étendant ses conquêtes, réglait sa milice ; et ce fut sous Tullus Hostilius qu'elle commença à apprendre cette belle discipline qui la rendit, dans la suite, maîtresse de l'univers. »

Nous voyons, vers cette époque, des Égyptiens entrer en commerce avec les Grecs et les rois d'Assyrie devenir un objet de crainte pour tout l'Orient.

Nabuchodonosor prend trois fois Jérusalem, et parmi les captifs se trouvent Ezéchiel et Daniel.

« Solon donnait des lois aux Athéniens, et établissait la liberté sur la justice ; les Phocéens d'Ionie menaient à Marseille leur première colonie » pendant que « Nabuchodonosor embellissait Babylone, qui s'était enrichie des dépouilles de Jérusalem, et de l'Orient... Ce roi vit en mourant la perte prochaine de cette superbe ville. »

Bossuet, loin de paraître essouflé d'avoir démêlé, le plus consciencieusement du monde, cette chronologie fabuleuse des origines des premiers empires, reprend son genre de phrases limpides et construites avec ce lyrisme qui lui est si particulier :

« Si je voulais rapporter ce que nous racontent les annales des Syriens, un Bérose, un Abydénus, un Nicolas de Damas, je ferais un trop long discours. Joseph et Eusèbe de Césarée nous ont conservé les précieux fragments de tous ces auteurs et d'une infinité d'autres qu'on avait entiers de leur temps, dont le témoignage confirme ce que nous dit l'Écriture sainte touchant les antiquités orientales, et en particulier touchant les histoires assyriennes.

. . . .

« Quand donc on objectera ceux des auteurs grecs qui arrangent à leur fantaisie les trois premières monarchies, et qui font succéder les Mèdes à l'ancien empire d'Assyrie, sans parler du nouveau, que l'Écriture fait voir si puissant, il n'y a qu'à répondre qu'ils n'ont point connu cette partie de l'Histoire, et qu'ils ne sont pas moins contraires aux plus curieux et aux mieux instruits des auteurs de leur nation, qu'à l'Écriture.

. . . .

« Il reste encore à vous découvrir une des causes de l'obscurité de ces anciennes histoires : c'est que comme les rois d'Orient prenaient plusieurs noms, ou, si vous voulez, plusieurs titres, qui ensuite leur tenaient lieu de nom propre, et que les peuples les traduisaient ou les prononçaient différemment, selon les divers idiomes de chaque langue, des histoires si anciennes, dont il reste si peu de bons mémoires, ont dû être par là fort obscurcies. La confusion des noms en aura sans doute beaucoup mis dans les choses mêmes et dans les personnes ; et de là vient la peine qu'on a de situer dans l'histoire grecque les rois qui ont eu le nom d'Assuérus, autant inconnu aux Grecs que connu aux Orientaux.

« Qui croirait, en effet, que Cyaxare fut le même nom qu'Assuérus, composé du mot Ky, c'est-à-dire Seigneur, et du mot Axare, qui revient manifestement à Axuérus, ou Assuérus ? Trois ou quatre princes ont porté ce nom, quoiqu'ils en eussent encore d'autres. Ainsi il n'y a nul doute que Darius le Mède ne puisse avoir été un Assuérus ou Cyaxare ; et tout cadre à lui donner un de ces deux noms. Si on n'était averti que Nabuchodonosor, Nabucodrosor, et Nabocolassar, ne sont que le même nom ou que le nom du

même homme, on aurait peine à le croire ;
et cependant la chose est certaine.

. . . .

« Pour ceux qui s'étonneront de ce nombre
infini d'années que les Égyptiens se donnent
eux-mêmes, je les renvoie à Hérodote, qui
nous assure précisément, comme on vient de
le voir, que leur histoire n'a de certitude que
depuis le temps de Psammitique, c'est-à-dire
six à sept cents ans avant Jésus-Christ. Que
si l'on se trouve embarrassé de la durée que
le commun donne au premier empire des
Assyriens, il n'y a qu'à se souvenir qu'Hérodote la réduit à cinq cent vingt ans, et qu'il
est suivi par Denys d'Halicarnasse, le plus
docte des historiens et par Appien.

. . . .

« Je ne prétends plus, Monseigneur, vous
embarrasser, dans la suite, des difficultés de
chronologie, qui vous sont très peu nécessaires. Celle-ci était trop importante pour ne
la pas éclaircir en cet endroit ; et, après vous
en avoir dit ce qui suffit à notre dessein, je
reprends la suite de nos époques. »

Après Cyrus qui fonde l'empire des Perses,
Zorobabel qui ramène les Juifs de captivité,
Cambyse, fils de Cyrus, conquit l'Égypte. A

propos de Darius, fils d'Hystape, Bossuet estime que « plusieurs marques le font reconnaître pour l'Assuérus du livre d'Esther.

« Harmodius et Aristogiton, Athéniens, délivrent leur pays d'Hipparque, fils de Pisistrate, et sont tués par ses gardes... Les Athéniens affranchis dressent des statues à leurs libérateurs, et rétablissent l'État populaire. »

A Rome, Tarquin le superbe rend « par ses violences la royauté odieuse ; l'impudicité de Sexte son fils acheva de la détruire. Lucrèce, déshonorée, se tua elle-même : son sang et les harangues de Brutus animèrent les Romains. Les rois furent bannis, et l'empire consulaire fut établi suivant les projets de Servius Tullius : mais il fut bientôt affaibli par la jalousie du peuple ».

Nous sommes ainsi arrivés au premier consulat avec le célèbre P. Valérius mais — *nihil sub sole novi* — en effet, comme cela devait se produire avec Louis XVI et plus récemment dans les empires d'Autriche et d'Allemagne où deux Tarquins modernes unirent si âprement leurs desseins tyranniques : « Les Tarquins chassés trouvèrent des défenseurs : les rois voisins regardèrent leur bannissement comme une injure faite à tous les rois ; et

Porcena, roi des Clusiens, peuple d'Étrurie, prit les armes contre Rome. Réduite à l'extrémité et presque prise, elle fut sauvée par la valeur d'Horatius Coclès. Les Romains firent des prodiges pour leur liberté : Scevola, jeune citoyen, se brûla la main qui avait manqué Porcena ; Clélie, une jeune fille, étonna ce prince par sa hardiesse ; Porcena laissa Rome en paix, et les Tarquins demeurèrent sans ressource. »

Néanmoins la puissance consulaire paraît excessive au peuple de Rome qui se retire au mont Aventin. Nous assistons aux remontrances de Menenius Agrippa mais il fait cependant par la *loi sacrée* accorder au peuple une nouvelle magistrature pour le défendre contre les consuls : les tribuns du peuple furent créés.

Mardonius, gendre de Darius, est défait par Miltiade à Marathon. A Rome, Coriolan, patricien chassé par le peuple, conduit les Volsques contre sa patrie qu'il réduit à l'extrémité. Xercès, petit-fils de Cyrus, attaque les Grecs avec onze cent mille combattants plus une armée navale de douze cents vaisseaux. « Léonidas, roi de Sparte, qui n'avait que trois cents hommes, lui en tue vingt mille au passage des Thermopyles, et périt avec les siens.

« Par les conseils de Thémistocle, Athénien, l'armée navale de Xercès est défaite la même année, près de Salamine. Ce prince repasse l'Hellespont avec frayeur ; et un an après, son armée de terre, que Mardonius commandait, est taillée en pièces auprès de Platée, par Pausanias, roi de Lacédémone, et par Aristide, Athénien, appelé le Juste. »

Xercès assassiné a pour successeur son fils Artaxercès à qui Thémistocle, proscrit par les siens, offre ses services. « Cette importante date a de solides fondements. Le bannissement de Thémistocle est placé, dans la chronique d'Eusèbe, à la dernière année de la 76ᵉ olympiade, qui revient à l'an 280 de Rome. »

Pour cette date, Bossuet s'appuie sur Thucydide, presque contemporain de Thémistocle, sur Cornélius Nepos et sur Charon de Lampsaque, cité par Plutarque.

Puis voilà les Juifs qui rétablissent leur ville et leurs murailles, « Néhémias conduisit l'ouvrage avec beaucoup de prudence et de fermeté, au milieu de la résistance des Samaritains, des Arabes et des Ammonites ».

Rome se modèle sur Athènes et dix magistrats absolus : les décemvirs, rédigent la loi des Douze Tables, fondement du droit romain. Bossuet avait-il prévu ce qui devait échoir à la France quand il remarque « Rome fondée sous des rois, manquait des lois nécessaires à la bonne constitution d'une république ».

Mais les plus sages institutions humaines voient leur base rapidement sapée par les passions inhérentes à la nature des hommes, lorsque ceux-là qui ont mission d'être comme la Providence de leurs administrés, oublient leurs devoirs et se laissent dominer par leurs passions : « Il se fit alors de grands mouvements par l'intempérance d'Appius Clodius, un des décemvirs, et par le meurtre de Virginie, que son père aima mieux tuer de sa propre main que de la laisser abandonnée à la passion d'Appius. Le sang de cette seconde Lucrèce réveilla le peuple romain, et les décemvirs furent chassés. »

Nous disons couramment aujourd'hui que ce qui est tolérable parfois dans la vie privée ne l'est pas dans la vie publique. Nous n'inventons rien de nouveau, lisons plutôt notre historien : « Pendant que les lois romaines se formaient sous les décemvirs, Esdras, docteur de la loi, et Néhémias, gouverneur du peuple de Dieu nouvellement rétabli en Judée, réformaient les abus, et faisaient observer la loi de Moïse, qu'ils observaient les premiers. Un des principaux articles de leur réformation fut d'obliger tout le peuple et principalement les prêtres, à quitter les femmes étrangères qu'ils avaient épousées contre la défense de la loi.

« Périclès, Athénien, commença la guerre du Péloponèse, durant laquelle Théramène, Thrasybule et Alcibiade, Athéniens, se rendirent célèbres... Cette guerre dura vingt-sept ans, et finit à l'avantage de Lacédémone. »

Les temps marchent, ou plutôt volent : Xénophon avec dix mille Grecs fait cette grande retraite qu'il décrit.

Camille s'empare de Veies et « les Falisques, qu'il assiégeait, se donnèrent à lui, touchés de ce qu'il leur avait renvoyé leurs enfants, qu'un maître d'école lui avait livrés. Rome ne voulait pas vaincre par des trahisons, ni profiter de la perfidie d'un lâche, qui abusait de l'obéissance d'un âge innocent ».

On peut juger déjà que le Dauphin recevait un autre enseignement que celui des Bernhardi et des Treischke, grâce auquel le Kronprinz osait traiter de *fraîche et joyeuse* la plus grande orgie de massacres infâmes et de profanations !

Là, Bossuet, d'après Polybe, relate le siège de Clusium par les Gaulois qui prennent et brûlent Rome pendant que les Romains se défendent durant sept mois dans le Capitole. Qu'il s'agisse même de relater les actions d'éclat des Anciens acquises à l'Histoire, Bossuet ne s'écarte jamais de son rôle de moraliste qui devait préparer le règne d'un vrai roi. C'est ainsi que nommant le Thébain Épaminondas il signale « qu'il avait pour règle de ne mentir jamais, même en riant ».

Si Bossuet avait vécu à notre époque !

Puis de l'éloquence de Démosthène nous arrive l'éclat, en même temps que les exploits de Philippe à Chéronée où se révèle Alexandre, âgé de dix-huit ans. On voit ce prince ruiner Thèbes tout en épargnant la maison de Pindare. Ceux que nous connaissons n'ont pas même épargné Louvain !

En effet, durant ces temps privilégiés les cathédrales de Reims, d'Arras et d'Amiens eussent été religieusement protégées. Cette martyre de Reims, morte elle aussi au champ d'honneur, n'aurait pas perdu ses ogives, ses arcs-doubleaux, ses bas-reliefs.

« Puissant et victorieux, Alexandre marche, après tant d'exploits, à la tête des Grecs contre Darius, qu'il défait en trois batailles rangées ; entre triomphant dans Babylone et dans Suse ; détruit Persépolis, ancien siège des rois de Perse ; pousse ses conquêtes jusqu'aux Indes, et vient mourir à Babylone, âgé de trente-trois ans...

« ...Après la mort d'Alexandre, son empire fut partagé. Perdiccas, Ptolomée, fils de Lagus, Antigonus, Séleucus, Lysimaque, Antipater et son fils Cassander... immolèrent à leur ambition toute la famille d'Alexandre, son frère, sa mère, ses femmes, ses enfants et jusqu'à ses sœurs. »

Les désordres qui accompagnèrent ce partage d'un si grand empire furent mis à profit par des peuples voisins qui s'affranchirent et formèrent les royaumes de Pont, de Bithynie et de Pergame. « Les deux Mithridate, père et fils, fondèrent celui de Cappadoce. Mais les deux plus puissantes monarchies qui se soient élevées alors furent celle d'Égypte fondée par Ptolomée, fils de Lagus, d'où viennent les Lagides ; et celle d'Asie ou de Syrie, fondée par Séleucus, d'où viennent les Séleucides... Ainsi tout l'Orient reconnut la Grèce et en apprit le langage. »

Bossuet résume l'Histoire, en très érudit chronologiste, mais, pour succint qu'il se montre, quel coloris et quelle vie il étale : « Les enfants de Cassander se chassèrent les uns les autres de ce royaume. Pyrrhus, roi des Épirotes, qui en avait occupé une partie, fut chassé par Démétrius Poliorcète, fils d'Antigonus, qu'il chassa aussi à son tour : il est lui-même chassé encore une fois par Lysimaque, et Lysimaque par Séleucus, que Ptolomée Céraunus, chassé d'Égypte par son père Ptolomée I, tua en traître malgré ses bienfaits. »

Nous voyons là en neuf lignes se dérouler une action nourrie comme dans une tragédie shakespearienne. Nous allons maintenant lire en un style rythmé et clair les actions de nos ancêtres les Gaulois : « Durant les troubles de l'Orient, les Gaulois vinrent dans l'Asie-Mineure, conduits par leur roi Brennus, et s'établirent dans la Gallo-Grèce ou Galatie, nommée ainsi de leur nom, d'où ils se jetèrent dans la Macédoine qu'ils ravagèrent, et firent trembler toute la Grèce. Mais leur armée périt dans l'entreprise sacrilège du temple de Delphes. Cette nation remuait partout, et partout elle était malheureuse. »

Voilà les éléphants de Pyrrhus qui étonnent les Romains « mais le consul Fabrice fit bientôt voir aux Romains que Pyrrhus pouvait être vaincu. Le roi et le consul semblaient se se disputer la gloire de la générosité, plus encore que celle des armes : Pyrrhus rendit au consul tous les prisonniers sans rançon, disant qu'il fallait faire la guerre avec le fer, et non point avec l'argent ; et Fabrice renvoya au roi son perfide médecin, qui était venu lui offrir d'empoisonner son maître ».

Notre historien précepteur continue de se montrer très sensible aux actions généreuses que ses recherches lui fournissent, à celles surtout qui prouvent de la part des héros une exemplaire grandeur d'âme. Nous le verrons insister, dans toute son œuvre, sur ces actions d'éclat des consciences élevées que l'Histoire lui révèle.

Il poursuit ainsi son récit imagé en classant les faits historiques qu'il a choisis et qui se déroulent sur la scène du monde, non d'après la province où ils s'accomplissent, mais pêle-mêle, pour ainsi dire, d'après seulement leur contemporanéité.

Par exemple aussitôt après nous avoir présenté Pyrrhus et Fabrice, il ajoute : « En ces temps, la religion et la nation judaïque commence à éclater parmi les Grecs..... Antiochus répandit les Juifs dans l'Asie Mineure, d'où ils s'étendirent dans la Grèce, et jouirent partout des mêmes droits et de la même liberté que les autres citoyens..... Sous Ptolomée Philadelphe, leurs Écritures furent tournées en grec, et on vit paraître cette célèbre version appelée la version des Septante. C'était de savants vieillards qu'Éléazar, souverain pontife, envoya au roi qui les demandait. Quelques-uns veulent qu'ils n'aient traduit que les cinq livres de la loi. Le reste des livres sacrés pourrait, dans la suite, avoir été mis en grec pour l'usage des Juifs répandus dans l'Égypte et dans la Grèce, où ils oublièrent non seulement leur ancienne langue, qui était l'hébreu, mais encore le chaldéen, que la captivité leur avait appris. Ils se firent un grec mêlé d'hébraïsme, qu'on appelle le langage hellénistique : Les Septante et tout le Nouveau Testament est écrit en ce langage. »

A nous tous de dégager des écrits de Bossuet ce qui est passager et ce qui est éternel car c'est tout le cortège des idées, des préjugés, des impressions, des luttes, du savoir du xviie siècle que Bossuet a laborieusement rassemblés et fait passer, avec sa clarté habituelle, sous nos yeux captivés.

Pyrrhus ne veut faire la guerre qu'avec le fer. Que les temps ont changé !

Bossuet n'aurait pas admis le principe du *Faustrecht*, *la force crée le droit* pas plus qu'en industrie le *dumping*, le *camouflage* et la *contrefaçon*.

Ni l'espionnage par ces milliers d'hommes que l'Allemagne avait de nos jours émiettés dans toutes les Sociétés industrielles ou commerciales de la terre : les banques entre autres. Ces espions occupaient deux mille places d'administrateurs, a-t-on dit.

Pour ne citer qu'un exemple, Warburg, grand négociant de Hambourg était membre à Paris de la délégation financière allemande. Comment se fait-il que pendant la guerre, à Washington, le propre frère de Warburg ait été membre de la délégation financière américaine ?

Cet espionnage était l'hydre monstrueuse dont les suçoirs faisaient dépérir le monde. Le consortium des banques allemandes a su agiter notre monde ouvrier aussi bien que notre monde politique.

C'est la morale qu'il faut faire entrer par

force dans les relations entre peuples, puisque tous ne l'ont pas acceptée de bon gré ! C'est la morale qui doit à l'avenir régler les rapports de travail entre les hommes ! C'est la morale qui doit être la préoccupation dominante de tous les enseignements !

Et le marxisme est une doctrine que la Germanie a créée, mais pour l'exportation seulement, puisque les chefs du socialisme allemand avaient fait à notre tribun cette réponse qui était déjà une révélation : « C'est notre intérêt que l'industrie allemande soit prospère et que la patrie allemande soit forte. »

« La Vérité a besoin de la France », s'écrie Joseph de Maistre. C'est la France qui vient de crier au monde que le socialisme est boche !

Oui, Guizot, en pleine révolution, l'a bien prêché que la liberté ne s'établirait jamais sur le désordre et l'oubli de tout frein, mais seulement sur des règles sévères et d'une observation très difficile.

Le socialisme, importation germanique, est antiscientifique lorsqu'il freine la production : doctrine fausse, en effet, que celle qui ose prétendre qu'il faille, en une journée de huit heures, parfois se croiser les bras ! N'est-ce pas ce qui arrivait aux plus habiles typographes

sur les machines à composer? Les « meneurs »
prétendaient leur imposer un maximum de
lettres à l'heure.

La véritable science économique consiste-
rait à travailler six heures, peut-être, mais en
produisant autant qu'en neuf heures.

La cherté de la vie ne vient presque que
du déficit dans la production. La surproduction diminue le prix de tout selon la *loi de
l'offre et de la demande.*

En réalité, y a-t-il jamais surproduction ?
N'est-ce pas simplement une sous-consomma-
tion ? C'est un problème qu'il ne m'est pas
loisible de résoudre ici.

Il ne pouvait être, en tout cas, question
de surproduire durant une guerre où, sur
quelque onze millions d'hommes âgés de
vingt à soixante ans que comptait la France,
à peu près huit millions avaient été mobilisés.

Néanmoins, l'État ayant émis pour trente-
six milliards de billets de banque, sans compter
les bons, a considérablement augmenté le *pouvoir d'achat*, c'est-à-dire la *demande :*

C'est miracle que malgré les allocations,
les indemnités de chômage et ces émissions
à jet continu la hausse moyenne des prix
n'ait pas augmenté plus rapidement encore.

C'est que beaucoup de billets n'ont pas circulé et heureusement ! Cette thésaurisation est venue à point.

Ainsi la demande sur les marchés augmentait, l'offre des denrées diminuait, le rationnement seul, dès le début, pouvait avoir quelque efficacité.

Mais le Gouvernement a donné satisfaction à l'opinion publique, à la foule, et il était peut-être forcé de le faire, dans des conjonctures aussi graves.

Il n'a jamais compté cependant sur les jardins publics des fortifications ou du Palais-Royal pour nourrir l'Europe.

La foule est et sera encore longtemps esclave. Quand elle s'agite, menée par quelques-uns, c'est toujours au profit de ces derniers, car les idées démagogiques sont le plus à portée de l'esprit de tout arriviste.

Le nivellement, qui supprimerait les individualités puissantes, serait le suicide d'un peuple.

Ce seront toujours les grands hommes qui feront la force d'une république ou d'un empire.

Le fond de la nature latine, le fond surtout de la nature française, c'est l'individualisme.

Il faut aux Germains une existence d'automates : moutons de Panurge, ils ne vivent

qu'en troupeau, ne pensant que collective-
ment.

On a pu dire que les Allemands sont intéressants mais l'Allemand point.

Militarisme, socialisme, c'est d'ailleurs
presque la même chose et de plantation facile
dans le sol germain !

Nous avons réduit leur militarisme à merci.
Il nous reste à bouter hors de France ce que
leurs espions, leurs créatures avaient introduit chez nous d'ulcéreux : l'art ultra-moderne
et le socialisme d'outre-Rhin, doctrine incompa-
tible avec le tempérament artiste de chez nous.

Nul ne peut nier que pour des légions
d'ignorants l'idée socialiste s'interprète comme
un allégement dans la discipline sociale.

Il est temps de montrer au peuple la vérité
où elle est : l'Empire allemand s'est effondré
pour avoir fondé son système social sur une
discipline tyrannique, excessive, jugée gro-
tesque par les autres peuples du monde.
Nous, au contraire, avons failli périr par un
manque ridicule de discipline sociale dans
l'enseignement, le commerce, l'industrie et
dans tout.

Celui qui saura rétablir cette discipline
sans laquelle tous perdraient le goût aux

entreprises fécondes, nécessaires aujourd'hui plus qu'au temps de Guizot, aura bien mérité du pays et du monde puisque la France a si souvent servi d'exemple au monde.

.*.

On observe, en lisant Bossuet, qu'il ne perd de vue dans aucun temps les droits dont jouissaient les fils de la nation judaïque, dès qu'ils se répandirent sur d'autres terres.

La question était brûlante au xvii° siècle après ce que nous avons signalé sur Metz et les Juifs. Au xx° siècle il s'est dépensé déjà bien des arguments pour défendre les desiderata actuels d'une partie des Israélites.

A la Conférence de la Paix n'a-t-on pas vu une délégation de quatre membres défendre le sionisme ?

Des réunions se sont tenues un peu partout où nous avons entendu de la bouche même des défenseurs très ardents de la délivrance des six millions de Juifs russes et roumains, l'affirmation suivante : « N'ignorez pas qu'il y a une conscience juive, une sympathie juive, une solidarité juive. » A quoi il fut répliqué sur le champ que la Palestine, territoire égal en surface à la Belgique, est peuplée seulement

ÉCOLE DE REMBRANDT. — PORTRAIT D'UN ISRAÉLITE

Photo Goupil

de 700.000 habitants dont 75.000 Chrétiens, 125.000 Juifs et le reste Arabes.

Or, combien y a-t-il de Juifs en France ? Au plus 180.000.

Et en Allemagne ? 2 millions. C'est-à-dire onze fois autant. Sans compter que l'influence de ces 2 millions d'Israélites d'Allemagne est fonction de la richesse et du travail productif des 70 millions d'habitants de leur pays. Alors que les Israélites de chez nous n'étayent leur influence que sur la richesse et le travail productif d'une population de 37 millions d'habitants moins entreprenants, il faut le reconnaître, au point de vue commercial.

Pas un seul des 180.000 Juifs habitant la France ne s'expatriera en Palestine. Et c'est le contraire d'un reproche qui leur est fait ici.

Voyageront-ils même ? Peu probable : le Français reste en France. Pour les Allemands la question ne se pose point. Sur dix voyageurs de commerce de leur pays combien en rencontrons-nous qui ne soient pas des Juifs ?

Si l'on prend les villes allemandes qui comptent le plus de millionnaires : Francfort, Mannheim, par exemple, on peut presque dire que les fortunes sont aux mains des Israélites, très travailleurs au surplus.

La conclusion... mais elle est simple. Nous cherchons à étendre notre féconde influence en Syrie et en Palestine. Créons le sionisme et nous verrons si nous avons réussi à faire ou non le jeu de l'Allemagne !

Ou il y a une conscience juive, une solidarité juive, une sympathie juive, comme les sionistes ne se lassent point de l'affirmer, et alors la Palestine peuplée de Juifs accueillera avec sympathie les produits de toutes sortes présentés par les voyageurs juifs d'Allemagne qui seront, sans contredit, les plus nombreux, sinon les seuls.

Cet argument économique a peut-être aussi sa valeur ! Il est vrai que jusqu'à présent, en France, les problèmes économiques ne semblent guère plus nous intéresser qu'au temps de saint Anselme, d'Abélard et de Pierre Lombard.

Quoi qu'il en soit, les sionistes, compteraient, dit-on, des partisans en Amérique : trois millions ; en Ukraine : deux millions ; et aux élections de la nouvelle république polonaise, les candidats sionistes auraient recueilli deux millions cinq cent mille suffrages.

D'ailleurs le sionisme nous paraît plutôt un jeu de l'esprit qu'un essai de réalisation d'une entreprise praticable. A moins que des menées diplomatiques contraires n'aient provoqué ces mouvements, ce qui est probable, afin que telle ou telle grande puissance tirât seule parti de la Syrie. Mais là-bas la France a des sympathies et des droits !

Lorsqu'un homme d'action se voit atteint d'un malaise qui débute, c'est souvent moins la crainte de la souffrance aiguë que celle d'être longtemps immobilisé qui l'étreint. Le monde anxieux est en droit de se poser la même question, agité qu'il est constamment par ces antagonismes qui ont eu leurs motifs historiques, mais qui devraient aujourd'hui s'atténuer lentement et disparaître bientôt tout à fait.

Dans un de ses meilleurs romans intitulé *Gloria* l'auteur d'*Electra* et de *Doña Perfecta :* Perez Galdos nous montre la lutte entre la mère d'un israélite, Morton, qui est opposée à son mariage avec la petite Gloria, elle-même nièce d'un évêque d'Espagne.

De chagrin, la petite Gloria meurt juste à l'instant où, à toute volée, les cloches sonnaient dans l'église du village : le curé commençant de chanter le *Gloria in excelsis Deo.*

Cherchant et croyant avoir découvert *la*

religion de l'avenir, Morton perd la raison, est enfermé dans une maison de Londres et l'enfant issu de leur amqur, vêtu de deuil sans savoir pourquoi, joue dans le jardin de Lantigua : « *Tu, que naciste del conflicto y eres la personificacion mas hermosa de la humanidad emancipada de los antagonismos religiosos por el amor; tu, que en una sola persona llevas sangre de enemigas razas, haras sin duda algo grande.* Toi, qui es né du conflit des dogmes et es la personnification la plus belle de l'humanité émancipée, par l'amour, des antagonismes religieux, tu feras quelque chose de grand ; toi qui, en une seule personne, porte du sang de deux races ennemies. »

***

La première partie du *Discours sur l'Histoire Universelle,* dont nous avons, par les textes qui précèdent, montré le plan adopté par l'auteur se poursuit jusqu'à Charlemagne.

C'est la république de Carthage qui tient d'abord les deux côtés de la Méditerranée, puis ensuite la Corse et la Sardaigne. « La Sicile avait peine à se défendre ; et l'Italie était menacée de trop près pour ne pas craindre. De là les guerres puniques, malgré les traités, mal observés de part et d'autre. »

Dans la seconde, « Annibal traverse l'Ebre, les Pyrénées, toute la Gaule transalpine, les Alpes, et tombe comme en un moment sur l'Italie. Les Gaulois ne manquent point de fortifier son armée, et font un dernier effort pour la liberté ».

Quatre batailles sont perdues par Rome que presque toute l'Italie abandonne et les deux Scipions périssent en Espagne.

Rome est néanmoins sauvée par Fabius Maximus, Marcellus et le jeune Scipion l'Africain.

Les rois de Syrie et ceux d'Égypte ne pensent qu'à se ruiner mutuellement. C'est ici que Bossuet, en un alinéa classique, fait un magistral tableau de la philosophie des Grecs : « Durant tous ces temps, la philosophie florissait dans la Grèce. La secte des philosophes italiques, et celle des ioniques, la remplissaient de grands hommes, parmi lesquels il se mêla beaucoup d'extravagants, à qui la Grèce curieuse ne laissa pas de donner le nom de philosophes. Du temps de Cyrus et de Cambyse, Pythagore commença la secte italique dans la Grande-Grèce, aux environs de Naples. A peu près dans le

même temps, Thalès, milésien, forma la secte
ionique. De là sont sortis ces grands philosophes, Héraclite, Démocrite, Empédocle,
Parménides ; Anaxagore, qui un peu avant
la guerre du Péloponèse fit voir le monde
construit par un esprit éternel ; Socrate, qui
un peu après ramena la philosophie à l'étude
des bonnes mœurs, et fut le père de la philosophie morale ; Platon, son disciple, chef
de l'Académie ; Aristote, disciple de Platon,
et précepteur d'Alexandre, chef des péripa-
téticiens ; sous les successeurs d'Alexandre,
Zénon, nommé Cittien, d'une ville de l'île de
Chypre où il était né, chef des stoïciens ; et
Épicure, Athénien, chef des philosophes qui
portent son nom, si toutefois on peut nommer philosophes ceux qui niaient ouvertement
la Providence, et qui, ignorant ce que c'est
que le devoir, définissaient la vertu par le
plaisir. On peut compter parmi les plus grands
philosophes Hippocrate, le père de la méde-
cine, qui éclata au milieu des autres dans ces
heureux temps de la Grèce. Les Romains
avaient dans le même temps une autre espèce
de philosophie, qui ne consistait point en
disputes ou en discours, mais dans la fruga-
lité, dans la pauvreté, dans les travaux de la

vie rustique, et dans ceux de la guerre, où ils faisaient leur gloire de celle de leur patrie et du nom romain : ce qui les rendit enfin maîtres de l'Italie et de Carthage. »

Il faut se représenter Bossuet vêtu d'une soutane violette pour comprendre et goûter l'esprit avec lequel il flétrit les Épicuriens « si toutefois on peut nommer philosophes ceux qui niaient ouvertement la Providence, et qui, ignorant ce que c'est que le devoir, définissaient la vertu par le plaisir ».

Puis nous continuons de lire le triomphe de Paul-Émile sur Persée. Le royaume de Macédoine « qui avait duré sept cents ans, et avait près de deux cents ans donné des maîtres non seulement à la Grèce, mais encore à tout l'Orient, ne fut plus qu'une province romaine », ensuite, c'est Carthage qui est réduite en cendres et Corinthe que le consul Mummius ruine de fond en comble. « Il en transporta à Rome les incomparables statues, sans en connaître le prix. Les Romains ignoraient les arts de la Grèce, et se contentaient de savoir la guerre, la politique et l'agriculture. »

L'Empire romain s'agrandit peu à peu de tout le monde connu. « Mais autant que la face de la république paraissait belle au dehors par les conquêtes, autant était-elle défigurée par l'ambition désordonnée de ses citoyens et par ses guerres intestines. »

Après nous avoir conté le cruel destin des Gracques, nous apprenons que « l'argent faisait tout à Rome. Jugurtha, roi de Numidie, souillé du meurtre de ses frères, que le peuple romain protégeait, se défendit plus long-temps par ses largesses que par ses armes ; et Marius, qui acheva de le vaincre, ne put parvenir au commandement qu'en animant le peuple contre la noblesse ».

Après la bataille de Pharsale entre Pompée et César « Rome retomba entre les mains de Marc Antoine, de Lépide et du jeune César Octavien, petit-neveu de Jules César, et son fils par adoption ; trois insupportables tyrans, dont le triumvirat et les prescriptions font encore horreur en les lisant.

« César gagne la bataille Actiaque : les forces de l'Égypte et de l'Orient, qu'Antoine menait avec lui sont dissipées : tous ses amis l'abandonnent, et même sa Cléopâtre, pour laquelle il s'était perdu.

« Tout cède à la fortune de César : Alexandrie lui ouvre ses portes ; l'Égypte devient une province romaine ; Cléopâtre qui désespère de la pouvoir conserver, se tue elle-même après Antoine : Rome tend les bras à César, qui demeure, sous le nom d'Auguste et sous le titre d'empereur, seul maître de tout l'empire. Il dompte, vers les Pyrénées, les Cantabres et les Asturiens révoltés ; l'Éthiopie lui demande la paix ; les Parthes épouvantés lui renvoient les étendards pris sur Crassus, avec tous les prisonniers romains ; les Indes recherchent son alliance ; ses armes se font sentir aux Rhètes ou Grisons, que leurs montagnes ne peuvent défendre ; la Pannonie le reconnaît, la Germanie le redoute, et le Veser reçoit ses lois. Victorieux par mer et par terre, il ferme le temple de Janus. Tout l'univers vit en paix sous sa puissance et Jésus-Christ vient au monde. »

Bossuet s'étend sur cet heureux événement qui cadre avec le retour de la monarchie à Rome : le siècle d'Auguste où fleurissent tous les arts et où Virgile et Horace sont protégés par le prince. « Nous verrons aussi qu'il se trouve dans les auteurs profanes plus de vérités qu'on ne croit, favorables au christianisme ; et je donnerai seulement ici pour exemple, l'éclipse arrivée au crucifiement de Notre-Seigneur. »

Ainsi défilent Tibère, Claudius, Néron,
Marc-Aurèle, Valérien. « Parmi toutes les
églises, l'Église de Rome fut persécutée avec
le plus de violence ; et trente papes confir-
mèrent par leur sang l'Évangile qu'ils annon-
çaient à toute la terre. »

Sous Valérien commença l'inondation des
barbares : « Les Bourguignons et d'autres
peuples germains, les Goths, autrefois appelés
les Gètes, et d'autres peuples qui habitaient
vers le Pont-Euxin et au delà du Danube,
entrèrent dans l'Europe : l'Orient fut envahi
par les Scythes asiatiques et par les Perses. »

Ces Perses écorchent Valérien. Son fils
Gallien perd tout par sa mollesse et trente
tyrans se partagent l'empire.

Une ligue de peuples qui habitait le long
du Rhin apparaît : ce sont les Francs, puis
nous arrivons à Dioclétien, à Constantin et à
« Théodose, seul empereur, qui fut la joie et
l'admiration de tout l'univers. Il appuya la
religion ; il fit taire les hérétiques ; il abolit
les sacrifices impurs des païens ; il corrigea
la mollesse et réprima les dépenses super-
flues. Il avoua humblement ses fautes, et il
en fit pénitence. Il écouta saint Ambroise,
célèbre docteur de l'Église, qui le reprenait

de sa colère, seul vice d'un si grand prince. Toujours victorieux, jamais il ne fit la guerre que par nécessité. Il rendit les peuples heureux, et mourut en paix, plus illustre par sa foi que par ses victoires.

« De son temps, saint Jérôme, prêtre retiré dans la sainte grotte de Bethléem, entreprit des travaux immenses pour expliquer l'Écriture, en lut tous les interprètes, déterra toutes les histoires saintes et profanes qui la peuvent éclaircir, et composa, sur l'original hébreu, la version de la Bible que toute l'Église a reçue sous le nom de Vulgate. »

Aétius défend les Gaules contre Pharamond et Clodion le Chevelu.

Mérovée plus heureux s'y établit en même temps que les Anglais, d'origine saxonne, occupent la Grande-Bretagne.

Avec Childebert et Clotaire, la France s'étend au delà du Rhin pendant que sous Justinien brillent Bélisaire et Narsès.

Charles Martel, entre Tours et Poitiers, défait les Sarrasins contre Abdérame, puis arrête les Maures d'Espagne et retient les Lombards.

A Rome, les empereurs faiblissent et Pépin devient le « protecteur du peuple romain et de l'Église romaine. Cette qualité devient comme héréditaire à sa maison et aux rois de France ».

Le fils de Pépin : Charlemagne « subjuguant les Saxons, réprimait les Sarrasins, détruisait les hérésies, protégeait le pays, attirait au christianisme les nations infidèles, rétablissait les sciences et la discipline ecclésiastique, assemblait de fameux conciles où sa profonde doctrine était admirée, et faisait ressentir non seulement à la France et à l'Italie, mais encore à l'Espagne, à l'Angleterre, à la Germanie, et partout, les effets de sa piété et de sa justice ».

Durant ces récits, Bossuet ne passe pas sous silence, c'est son rôle d'évêque, les conciles importants qui se tinrent alors. « Dès l'origine du christianisme, il y avait trois sièges principaux, qui précédaient tous les autres : celui de Rome, celui d'Alexandrie, et celui d'Antioche... Quand le concile était formé, on proposait l'Écriture sainte ; on lisait les passages des Anciens Pères témoins de la tradition : c'était la tradition qui interprétait l'Écriture : on croyait que son vrai sens était celui dont les siècles passés étaient convenus, et nul ne croyait avoir droit de l'expliquer autrement. Ceux qui refusaient de se soumettre aux décisions du concile étaient frappés d'anathème.

« Je vous ai dit, Monseigneur, que mon principal objet est de vous faire considérer, dans l'ordre des temps, la suite du peuple de Dieu et celle des grands empires.

« Ces deux choses roulent ensemble dans ce grand mouvement des siècles, où elles ont pour ainsi dire un même cours, mais il est besoin, pour les bien entendre, de les détacher quelquefois l'une de l'autre, et de considérer tout ce qui convient à chacune d'elles. »

Et en effet, dans la seconde partie du livre, Bossuet va traiter uniquement *La Suite de la Religion*.

Au sujet de son *Explication de la prophétie d'Isaïe*, Bossuet écrivait dans une des trois lettres que nous avons mentionnées : « Au reste, Monsieur, ce n'était pas le dessein dans l'ouvrage dont vous m'écrivez, d'expliquer le fond des prophéties : puisque même je me suis assez étendu sur cette matière dans la seconde partie du *Discours sur l'Histoire universelle*, où j'ai déduit dans un ordre historique toutes les preuves de fait qui démontrent que les écritures de l'Ancien et du Nouveau Testament sont vraiment un livre prophétique ; principalement en ce qui regarde la venue actuelle du Christ, dont toutes les circonstances, et le temps même de leur accomplissement, sont si évidemment marqués, tant de siècles auparavant qu'il ait paru sur la terre. »

Le plan de cette seconde partie nous est ainsi dévoilé. Il était pour Bossuet l'essentiel de son *Discours*. De fait, notre éloquent observateur est arrivé le premier à tracer comme il l'a fait l'histoire du *peuple de Dieu*. *L'Histoire d'Israël* que Renan nous a donnée au xix° siècle, n'existait point alors. Nous ne possédions pas la liste considérable d'ouvrages parus depuis sur la *Modernité des Prophètes*, sur *le Saint-Siège et les Juifs*, sur *le Talmud et la Synagogue moderne*, pour ne parler que de ceux-là.

Aujourd'hui, on ne lit pas cette deuxième partie de ce grand ouvrage. Outre que là encore Bossuet fut un précurseur, il a parsemé cet exposé de pages fort poétiques dont nous allons essayer de donner un court extrait. La préférence que nous gardons tous pour la troisième partie, vient de notre amour si légitime de ces vastes aperçus d'Histoire et parce que notre sensibilité, notre mémoire sont telle-

ment empoignées par la hauteur, par la virtuo-
sité inimitable avec laquelle Bossuet arrive à
faire résonner, à travers la postérité attentive, le fracas des grands empires qu'il nous
montre se brisant d'eux-mêmes. Glanons
d'abord çà et là dans la seconde partie avant
que de goûter l'enchantement que cause toujours, sans lasser jamais, le résumé majestueux
de la succession des empires qui forme un
chapitre de tout point unique dans l'histoire
littéraire du monde.

« Dans le temps qu'Abraham, Isaac et
Jacob avaient habité la terre de Chanaan, ils
y avaient », remarque Bossuet, « érigé partout
des monuments des choses qui leur étaient
arrivées. On y montrait encore les lieux où
ils avaient habité ; les puits qu'ils avaient
creusés dans ces pays secs, pour abreuver
leur famille et leurs troupeaux ; les montagnes
où ils avaient sacrifié à Dieu, et où il leur
était apparu ; les pierres qu'ils avaient dressées ou entassées pour servir de mémorial à
la postérité ; les tombeaux où reposaient
leurs cendres bénites. La mémoire de ces
grands hommes était récente, non seulement
dans tout le pays, mais encore dans tout
l'Orient, où plusieurs nations célèbres n'ont

jamais oublié qu'elles venaient de leur race.

« Ainsi, quand le peuple hébreu entra dans la terre promise, tout y célébrait leurs ancêtres ; et les villes et les montagnes, et les pierres même, y parlaient de ces hommes merveilleux, et des visions étonnantes par lesquelles Dieu les avait confirmés dans l'ancienne et véritable croyance. Ceux qui connaissent tant soit peu les antiquités savent combien les premiers temps étaient curieux d'ériger et de conserver de tels monuments, et combien la postérité retenait soigneusement les occasions qui les avaient fait dresser. C'était une des manières d'écrire l'Histoire : on a depuis façonné et poli les pierres ; et les statues ont succédé, après les colonnes, aux masses grossières et solides que les premiers temps érigeaient.

« On a, de même, de grandes raisons de croire que dans la lignée où s'est conservée la connaissance de Dieu on conservait aussi, par écrit, des mémoires des anciens temps ; car les hommes n'ont jamais été sans ce soin. Du moins est-il assuré qu'il se faisait des cantiques que les pères apprenaient à leurs enfants ; cantiques qui, se chantant dans les fêtes et dans les assemblées, y perpétuaient la mémoire des actions les plus éclatantes des siècles passés.

« De là est née la poésie, changée dans la suite en plusieurs formes, dont la plus ancienne se conserve encore dans les odes et dans les cantiques, employés par tous les anciens, et encore à présent par les peuples qui n'ont pas l'usage des lettres, à louer la Divinité et les grands hommes.

« Le style de ces cantiques, hardi, extraordinaire, naturel toutefois, en ce qu'il est propre à représenter la nature dans ses transports, qui marche pour cette raison par de vives et impétueuses saillies, affranchi des liaisons ordinaires que recherche le discours uni, renfermé d'ailleurs dans des cadences nombreuses qui en augmentent la force, surprend l'oreille, saisit l'imagination, émeut le cœur et s'imprime plus aisément dans la mémoire. »

Ainsi, Bossuet nous fait entrer jusque dans la terre promise et nous découvre les sculptures primitives qui sont les ancêtres des Vénus, des Apollons, des Victoires ailées, de tous les marbres somptueux qui peuplent les musées. Muets et grands éducateurs, quant à la proportion, à l'harmonie, à l'ordre dont ils sont les exemples toujours beaux, toujours vivants, toujours debout.

« Hommes, devenez tous frères en admirant », conseille un grand romantique.

Nous assistons de même à la naissance de la poésie, des odes, des cantiques, ces symphonies magiques qui contrebalancent les tendances grossières et malfaisantes de la vie et infiltrent, jusqu'au cœur de l'homme, la joie de vivre, la douceur, la bonté. Il y a trop de gens qui n'ont pas de musique dans l'âme : Shakespeare les a, d'un coup, flétris :

« *The man who has no music in himself.*
Or is not moved whith concord of sweet sounds ! »

. . . .

« L'homme qui n'a pas de musique en lui-même ou que ne fait vibrer l'accord des plus doux sons, est né pour les trahisons, les stratagèmes et la corruption. Ne placez point votre confiance en un tel homme ! »

Bossuet va maintenant nous présenter les rois architectes qui firent le temple, et vous verrez qu'il ne s'en tire pas trop mal : « Quand David eut défait tous ses ennemis et qu'il eut poussé les conquêtes du peuple de Dieu jusqu'à l'Euphrate, paisible et victorieux, il tourna toutes ses pensées à l'établissement du culte divin.

« Il fit tous les dessins du temple ; il en amassa les riches et précieux matériaux ; il y destina les dépouilles des peuples et des rois vaincus. Mais ce temple, qui devait être disposé par le conquérant, devait être construit par le pacifique. Salomon le bâtit sur le modèle du Tabernacle. L'autel des holocaustes, l'autel des parfums, le chandelier d'or, les tables des pains de proposition, tout le reste des meubles sacrés fut pris sur des pièces semblables, que Moïse avait fait faire dans le désert. Salomon n'y ajouta que la magnificence et la grandeur. L'arche que l'homme de Dieu avait construite fut posée dans le Saint des Saints, lieu inaccessible, symbole de l'impénétrable majesté de Dieu, et du ciel interdit aux hommes jusqu'à ce que Jésus-Christ leur en eût ouvert l'entrée par son sang. »

Et la suite va nous être une réminiscence, en quelque sorte, d'un des plus mélodieux alinéas de Cervantès : « *Dichosa edad y siglos dichosos aquellos á quien los antiguos pusiéron nombre de dorados.* Heureux âge et siècles heureux, ceux-là, que les anciens qualifièrent de dorés. » Nous allons être transportés, dans l'île du rêve, aux palais enchantés. C'était bien la grande époque où les dirigeants intellectuels ne manquant pas d'imagination féconde ni de fantaisie créatrice, encourageaient Claude Perrault, Le Nôtre et Mansard. Plongeons encore dans ce fleuve transparent dont les eaux miroitantes roulent des pépites d'or :

« Après que Salomon eut bâti le temple, il bâtit encore le palais des rois, dont l'architecture était digne d'un si grand prince. Sa maison de plaisance, qu'on appela le *Bois du Liban*, était également superbe et délicieuse. Le palais qu'il éleva, pour la reine, fut une nouvelle décoration à Jérusalem. Tout était grand dans ces édifices, les salles, les vestibules, les galeries, les promenoirs, le trône du roi, et le tribunal où il rendait la justice ; le cèdre fut le seul bois qu'il employa dans ces ouvrages. Tout y reluisait d'or et de pierreries. Les citoyens et les étrangers admiraient la majesté des rois d'Israël. Le reste répondait à cette magnificence, les villes, les arsenaux, les chevaux, les chariots, la garde du prince. Le commerce, la navigation et le bon ordre, avec une paix profonde, avaient rendu Jérusalem la plus riche ville de l'Orient. Le royaume était tranquille et abondant : tout y représentait la gloire céleste. Dans les combats de David, on voyait les travaux par lesquels il la fallait mériter, et on voyait, dans le règne de Salomon, combien la jouissance en était possible. »

Rien de surprenant à ce qu'un prélat, très chrétien et très poète, tirât de l'Écriture ses mosaïques de lyrisme, de coloris, d'idéal, alors que tant de laïques ont divinement exploité cette source de la poésie. Vigny s'en est délicieusement acquitté, heureusement pour nous.

> « Voilà ce qu'ont chanté les filles d'Israël
> Et leurs pleurs ont coulé sur les flancs du Carmel, »

commence dans un poème l'auteur d'*Eloa*, du *Mont des Oliviers*, du *Déluge* pour avoir lu au chapitre XI des *Juges* que chaque année la fille de Jephté de Galaad est pleurée pendant quatre jours, en Israël.

Aussi faudrait-il citer sans passer une seule ligne les pages où Bossuet dépeint Abraham, père des Hébreux et des Iduméens. « Ismaël, fils d'Abraham, est connu parmi les Arabes comme celui d'où ils sont sortis », de là les mahométans ont conservé la coutume d'être circoncis, « non pas au huitième jour, à la manière des juifs, mais à treize ans, comme l'Écriture nous apprend qu'elle fut donnée à leur père Ismaël ».

La chute de Babylone avec « ses richesses,

ses hautes murailles, son peuple innombrable, sa prodigieuse enceinte, qui enfermait tout un grand pays, et ses provisions infinies », est décrite avec la même vigueur de style. Pour donner de façon aussi succincte que possible quelque idée de l'argumentation de Bossuet lorsqu'il défend les prophéties, n'oublions toujours pas que c'était son rôle de précepteur qui enseignait en apparence à son élève, mais en réalité à la France ·et au monde, ce qu'il croyait être les vérités du christianisme, voilà en quels termes il commente cette chute mémorable lorsque l'Euphrate détourné vers des fossés, Cyrus se fait une ouverture dans Babylone : « Ainsi fut livrée en proie aux Mèdes et aux Perses, et à Cyrus, comme avaient dit les prophètes, cette superbe Babylone. Ainsi périt avec elle le royaume des Chaldéens, qui avaient détruit tant d'autres royaumes ; et le marteau qui avait brisé tout l'univers fut brisé lui-même. Jérémie l'avait prédit. Le Seigneur rompit la verge dont il avait frappé tant de nations. Isaïe l'avait prévu. » Il donne en outre cette citation de Jérémie : « Le superbe est tombé et ne se relèvera pas » ; et d'Isaïe : « Babylone la glorieuse, dont les Chaldéens insolents s'enorgueillissaient, a été faite comme Sodome et comme Gomorrhe. »

Et ce consciencieux, ce fougueux avocat de la cause qu'il avait entrepris de défendre va conclure : « Je vous ai rapporté en gros quelque chose de ces prophéties, plus on les approfondit, plus on y trouve de vérité. Depuis, quand les païens mêmes, quand un Porphyre, quand un Julien l'Apostat, ennemis d'ailleurs des Écritures, ont voulu donner des exemples de prédictions prophétiques, ils les ont été chercher parmi les Juifs. »

C'est que nous tenons en main un beau livre, le plus beau peut-être de la littérature des Français, à qui leur réputation mondiale concède pourtant une fort riche littérature. C'est avec une telle fécondité que Bossuet sème les finesses poétiques, ces images de la vérité, que ce serait un travail interminable que de songer à les dégager toutes. Par exemple, si Bossuet signale au Dauphin que « l'Église n'est pas moins riche en exemples qu'en préceptes. Dieu, qui sait que les plus fortes vertus naissent parmi les souffrances, l'a fondée par le martyre ». N'a-t-on pas là cette pensée si poétique qui produira un très bel effet encore sous la plume légère

de Lamartine : « Les fibres que l'on ne torture
pas ne rendent que peu de sons. Job n'a crié
à Dieu que sur son fumier et dans les
larmes. »

Aujourd'hui où l'on est naturellement
conduit à faire des rapprochements entre ces
sciences encore confuses qui agissent sur la
sensibilité, dont on nous présente d'ailleurs
nombre d'expériences, et les miracles, les
guérisons d'autrefois, il n'est pas sans intérêt
de noter une remarque de Bossuet au sujet
des miracles de Moïse et du Christ : « Il est
certain que les Juifs ne les ont jamais niés ; et
nous trouvons dans leur Talmud quelques-
uns de ceux que ses disciples ont faits en son
nom. Seulement, pour les obscurcir, ils ont
dit qu'il les avait faits par les enchantements
qu'il avait appris en Égypte.

« Au reste, quand ils lui reprochent qu'il
les a faits par magie, ils devraient songer que
Moïse a été accusé du même crime. C'était
l'ancienne opinion des Égyptiens, qui, étonnés
des merveilles que Dieu avait opérées en
leur pays par ce grand homme, l'avaient mis
au nombre des principaux magiciens. On peut
voir encore cette opinion dans Pline et dans
Apulée, où Moïse se trouve nommé avec

Jannès et Mambré, ces célèbres enchanteurs d'Égypte dont parle saint Paul, et que Moïse avait confondus par ses miracles.

« Tibère, sur les relations qui lui venaient de Judée, proposa au Sénat d'accorder à Jésus-Christ les honneurs divins. Ce n'est point un fait qu'on avance en l'air, et Tertullien le rapporte, comme public et notoire, dans son Apologétique. Que si on veut le témoignage d'un auteur païen, Lampridius nous dira qu'Adrien avait élevé à Jésus-Christ des temples qu'on voyait encore du temps qu'il écrivait ; et qu'Alexandre Sévère, après l'avoir révéré en particulier, lui voulait publiquement dresser des autels, et le mettre au nombre des dieux. »

Et Bossuet ajoute, on le reconnaît bien à cette image hardie amenée sans effort par son argumentation savante : « Ainsi, par la vertu de la croix, la religion païenne, confondue par elle-même, tombait en ruine ; et l'unité de Dieu s'établissait tellement, qu'à la fin l'idolâtrie n'en parut pas éloignée. »

En commençant la lecture du sublime chapitre « Les Empires », on constate que l'Empire romain reçoit « paisiblement dans son sein cette Église à laquelle il avait fait une si longue et si cruelle guerre ». Rome, persécutrice des chrétiens durant trois cents ans devient « le chef de l'empire spirituel ». « C'est, conclut Bossuet, que l'Empire romain s'était heurté à quelque chose de « plus invin- « cible que lui. »

« L'Empire romain, ce grand empire qui s'était vainement promis l'éternité, devait subir la destinée de tous les autres », ajoute-t-il.

Une réflexion s'impose : le monde vivant est-il éternellement condamné à voir, par périodes, s'écrouler les plus solides fondations de ses plus grandes choses ? N'arrivera-t-on jamais par un progrès décisif, toutes les forces associées, une fois pour toutes, afin d'y atteindre, à réaliser ce souhait de Lamartine qui désirait : « Combiner assez équitablement tous les intérêts divergents ou contradictoires de cette multitude pour que chacun recon- naisse l'utilité de borner son intérêt propre par l'intérêt d'autrui.

« Extraire de toutes ces volontés indivi- duelles une volonté générale et commune qui gouverne cette anarchie. »

Ce qu'il voulait obtenir des individualités innombrables où dominent les inconscients devient n'est-il pas vrai, plus aisément possible à réussir lorsqu'on l'applique seulement aux quelques gouvernements du globe, qui doivent être de plus en plus formés d'hommes bien choisis.

On ne devrait point être assez ignorant pour feindre cette morgue qui relègue aux civilisations passées les sentences de Bossuet. Elles retentissent au contraire, toujours vibrantes, sans avoir rien perdu de leur valeur. N'avons-nous pas tous assisté au développement surhumain de l'Allemagne laborieuse ? En a-t-elle construit des écoles, des universités, des trains, des hôpitaux, des usines. N'avons-nous pas vu, en trente années, sa population croître de cinquante pour cent, alors que ses progrès scientifiques faisaient tomber de trente pour cent le chiffre de sa mortalité ?

Il a suffi, comme Bossuet aurait dit, que la Providence suscitât le parti du Kronprinz, pour que l'œuvre des savants, qui fourmillaient dans cet ensemble ordonné avec tant de patience et de méthode, fît place à la brutalité sauvage, à la férocité sanguinaire, au désordre, à l'anarchie.

Leur législation, puisqu'ils détruisaient tout, aurait donc fini par donner ses lois seulement aux ombres ?

Leurs universités, la jeunesse étant morte, n'auraient-elles plus instruit chez eux que des fantômes ?

Peu nous importe de lire les noms de ceux qui viennent, avec éclat, de marquer leur passage en cet empire : les Sudermann, les Hauptmann, les Ludwig Fulda, les Koch, les Oswald, les Fischer, les Bayer, les Victor Meyer, les Knietsch, les Otto Witt ! Cette population grouillante, en sa fourmillère, était éprise, à coup sûr, de progrès scientifique, mais ce n'était pas seulement dans les laboratoires de Koch ou d'Ehrlich qu'il fallait conserver, prolonger les vies humaines, c'était partout là où, sur la terre, évoluaient des hommes, qu'il était du devoir de tous de protéger l'existence que Dieu leur avait octroyée. « Car la terre est à l'homme et l'homme est à Dieu », écrit Victor-Hugo.

Il a fallu que leur alimentation fût, en effet, bien indigeste pour alourdir à ce point l'esprit de ceux qui eurent la charge de rédiger en Germanie un code national. Cette cohorte d'excursionnistes congestionnés raffole pourtant de la nature et c'est une belle qualité. On n'oublie plus ces chapeaux tyroliens, quand on les a contemplés autour de Heidelberg, d'Elberfeld ou de toute ville qui offre un lieu quelconque de promenade, le moindre monticule d'ailleurs : Königshöhe, comme ils l'appelaient au temps des rois. Aujourd'hui qu'ils brodent les écussons socialistes sur leurs nouveaux étendards, les appellations varieront peut-être, mais non la nourriture indigeste ni les chaussures plates et carrées comme des boîtes de cigares. Ils porteront encore des pardessus à carreaux énormes, de la grosseur des lunettes qui étincellent sous leurs chapeaux verts à plume. Ils regarderont longtemps à sortir de leur bourse douze francs pour l'achat d'un chapeau, mais ils dépenseront sans sourciller dix-sept marks pour une bouteille de vin du Rhin. Persévérants en tout, ils le seront jusque dans leurs manies.

De leur esprit pesant, balourd, massif, ils se sont nourris au hasard des généralités d'un enseignement qui, chez nous, obéissait aux règles auxquelles la décence, le tact, qui nous est propre, le ramenait rapidement. La critique, en effet, s'élevait violente lorsqu'en France, un auteur trop absolu dans ses maximes, comme le fut par exemple Joseph de Maistre, écrivait : « Quant à celui qui parle ou qui écrit pour ôter un dogme national au peuple, il doit être pendu » ; et plus loin : « Pourquoi a-t-on commis l'imprudence d'accorder la parole à tout le monde ? C'est ce qui nous a perdus ! »

Ils s'étaient établis *bequemlich,* commodément, comme ils disent, à exercer leur persévérance dans tant de métiers glorieux et paisibles où ils prospéraient au delà de toutes leurs espérances. Quel diable les a donc mus de n'avoir point été satisfaits du titre d'artisans applaudis par le monde entier et d'avoir risqué le tout pour le tout plutôt que de renoncer à la joie meurtrière, sauvage, d'assumer le rôle indigne de soudards et de bourreaux ?

Vandales ! Vous avez eu la punition terrible que le Dieu de Bossuet tenait menaçante sur vos têtes. Ne vous enivrez plus du cliquetis misérable de vos armures, à présent inutiles. Reprenez vos filtrations, vos balances et vos boussoles. Là vous aviez réussi. Nous ne vous avons jamais marchandé nos louanges. Le plus illustre d'entre nous qui, en vrai Français s'était jadis, durant le siège, efforcé par des moyens infernaux de vous combattre, n'écrivait-il pas déjà en 1872 : « J'ai tâché de faire mon devoir, sans partager les haines étroites de quelques-uns contre l'Allemagne, dont je respecte la science, en maudissant l'ambition impitoyable de ses chefs. » Ainsi s'est exprimé Marcellin Berthelot.

Rétablissez la morale que vous avez compromise. Réorganisez les familles que vous avez disloquées. Dispensez partout où ils sont utiles, et à profusion, vos sérums récemment découverts et que la corruption de votre guerre *poétique, fraîche et joyeuse* — inconscients... — a rendu nécessaires un peu partout. Neuf cent mille cas de plus, rien qu'en France !

Apprenez à comprendre dans leur lettre les premiers écrits du monde, ceux qui se rapprochent de l'Évangile et qui claironnent inlassablement cette maxime : « Travaille, mais tu ne tueras point. »

« Peuple, jamais de sang ! Vertueux ou coupable,
Le sang qu'on a versé monte des mains au front. »

N'est-ce pas là votre avis, Hugo, Tolstoï, Fénelon, Bossuet ?

« La honte est la meilleure tombe,
Le même homme sur qui son crime enfin retombe
Sort sanglant du sépulcre et fangeux du mépris. »

Travaillez et réparez beaucoup, car il en sera ainsi de votre peuple et pour la suite des temps.

En dépit de ce que ces années de fébrilité intellectuelle ont marqué de progrès en chirurgie, en balistique, en électricité, en chimie, en acoustique, en archéologie, progrès qui auraient eu lieu plus paisiblement sans cela, songez dans quel chaos la civilisation a été jetée par vous et enseignez à vos descendants combien vite les mœurs honnêtes succombent sous la hache du militarisme et de l'esprit de conquêtes.

Cela dit, saisissons à nouveau les fils du dialogue qu'a engagé l'immortel précepteur avec son pupille à qui il continue d'enseigner ce qui suit : « Si les hommes apprennent à se modérer en voyant mourir les rois, combien plus seront-ils frappés en voyant mourir les royaumes mêmes ; et où peut-on recevoir une plus belle leçon de la vanité des grandeurs humaines ?

« Ainsi, quand vous voyez passer comme en un instant devant vos yeux, je ne dis pas les rois et les empereurs, mais ces grands empires qui ont fait trembler tout l'univers ; quand vous voyez les Assyriens anciens et nouveaux, les Mèdes, les Perses, les Grecs, les Romains, se présenter devant vous successivement, et tomber, pour ainsi dire, lès uns sur les autres : ce fracas effroyable vous fait sentir qu'il n'y a rien de solide parmi les hommes, et que l'inconstance et l'agitation est le propre partage des choses humaines. »

Bossuet insiste sur une considération fort judicieuse, c'est qu'il n'est jamais « arrivé de grand changement qui n'ait eu ses causes dans les siècles précédents.

« Et comme dans toutes les affaires il y a ce qui les prépare, ce qui détermine à les entreprendre et ce qui les fait réussir, la vraie science de l'histoire est de remarquer dans chaque temps ces secrètes dispositions qui ont préparé les grands changements, et les conjectures importantes qui les ont fait arriver.

« J'ai tâché de vous préparer à ces importantes réflexions dans la première partie de ce discours ; vous y aurez pu observer le génie des peuples et celui des grands hommes qui les ont conduits. »

Bossuet passe vite sur les Éthiopiens qui négligeaient trop l'esprit mais qui « selon Hérodote, étaient les mieux faits de tous les hommes » et passe à l'étude des peuples policés.

L'Égypte connut « la vraie fin de la politique, qui est de rendre la vie commode et les peuples heureux. La gloire qu'on a donnée aux Égyptiens, d'être les plus reconnaissants de tous les hommes, fait voir qu'ils étaient aussi les plus sociables ».

Et Bossuet déclare à ce propos que : « Les bienfaits sont le lien de la concorde publique et particulière », ce qui est d'un bon enseignement, ainsi que ce qui vient après :

« Les citoyens étaient à la garde les uns des autres, et tout le corps de l'État était uni contre les méchants. »

Et, lorsqu'il y a quelques années, Émile Ollivier, qui avait accepté « Soixante-Dix » *d'un cœur léger*, écrivait que bientôt, dans les sociétés, l'oisiveté serait poursuivie ; il n'aurait pas là rien appris à Bossuet qui note textuellement, toujours à propos de l'Égypte : « Il n'était pas permis d'être inutile à l'État ; la loi assignait à chacun son emploi, qui se perpétuait de père en fils. » Et cet axiome, que de certains niais ignorent encore : « Il fallait qu'il y eût des emplois et des personnes plus considérables, comme il faut qu'il y ait des yeux dans le corps : leur éclat ne fait pas mépriser les parties plus basses. »

Une compagnie de trente juges graves et recrutés parmi les plus honnêtes hommes, jugeait tout le royaume. Certains revenus les délivraient des embarras domestiques, mais « ils ne tiraient rien des procès et on ne s'était pas encore avisé de faire un métier de la Justice ».

Encore, ici, nous sommes conduits à faire un rapprochement avec ceux qui, croyant innover, souhaitent de voir supprimer les joutes oratoires des avocats prolixes, il y en a de ces avocats : « Pour éviter les surprises, les affaires étaient traitées par écrit, dans cette assemblée. On y craignait la fausse éloquence, qui éblouit les esprits et émeut les passions. »

Considérant le jugement des morts, Bossuet se montre aussi simple, aussi social que tout défenseur actuel des idées démocratiques : « On faisait son panégyrique, mais sans y rien mêler de sa naissance. Toute l'Égypte était noble, et, d'ailleurs, on n'y goûtait de louanges que celles qu'on s'attirait par son mérite. »

Puis il parle d'une ordonnance : « Pour empêcher les emprunts, d'où naissent la fainéantise, les fraudes et la chicane » et marque que le pontife « priait les dieux de donner au prince toutes les vertus royales, en sorte qu'il fût religieux envers les dieux, doux envers les hommes, modéré, juste, magnanime, sincère et éloigné du mensonge, libéral, maître de lui-même, punissant au-dessous du mérite, et récompensant au-dessus ».

Bossuet ne pouvait passer sous silence que l'Égypte fut le premier des peuples où se virent des bibliothèques lesquelles y étaient appelées *le trésor des remèdes de l'âme*. « Elle s'y guérissait de l'ignorance, la plus dangereuse de ses maladies, et la source de toutes les autres. »

L'amour de la Patrie avait, pour les habitants, des fondements solides. « L'Égypte était, en effet, le plus beau pays de l'univers, le plus abondant par la nature, le mieux cultivé par l'art, le plus riche, le plus commode et le plus orné par les soins de la magnificence de ses rois. »

Et nous pouvons, si d'ailleurs notre mémoire n'est pas trop courte, songer à la Seine, qui fait parfois des siennes, aux environs de Paris : « Ce qu'ils ont fait du Nil est incroyable. Lorsqu'il s'enflait outre mesure, de grands lacs, creusés par les rois, tendaient leur sein aux eaux répandues. Ils avaient leurs décharges préparées ; de grandes écluses les ouvraient ou les fermaient, selon le besoin, et les eaux ayant leur retraite ne séjournaient sur les terres qu'autant qu'il fallait pour les engraisser. »

Le lac de Myris, que le roi de ce nom avait fait faire, mesurait, de tour, cent quatre-vingt lieues. « On l'avait étendu, principalement, du côté de la Libye. La pêche en valait au prince des sommes immenses ; ainsi, quand la terre ne produisait rien, on en tirait des trésors en la couvrant d'eau.

« L'Égypte visait au grand et voulait frapper les yeux de loin, mais toujours en les contentant par la justesse des proportions. Les Grecs et les Romains ont célébré la magnificence de Thèbes aux cent portes, encore qu'ils n'en eussent vu que les ruines, tant les restes en étaient augustes. »

Nous pourrions faire, au pays d'Osiris, un séjour plus prolongé car les sphynx en granit rose, les dieux de marbre vert et les centaines de colonnes de matières rares, puis les indestructibles pyramides de trois cents pieds, les obélisques que tant de siècles ont respectés, tout devait tenter la plume révélatrice du grand artiste que nous étudions. Plus tard, c'est Napoléon qui n'oubliera pas de se faire accompagner en Égypte par Monge, par Cauchy, par

des savants et des artistes. Qui sait s'il n'a pas
entendu l'appel que Bossuet avait adressé au
roi : « Maintenant que le nom du roi pénètre
aux parties du monde les plus inconnues, et que
ce prince étend aussi loin les recherches qu'il
fait faire des plus beaux ouvrages de la nature
et de l'art, ne serait-ce pas un digne objet de
cette noble curiosité, de découvrir les beautés
que la Thébaïde renferme dans ses déserts, et
d'enrichir notre architecture des inventions
de l'Égypte? »

Du premier empire des Assyriens sont
sorties Ninive et Babylone. C'est au sujet de
cette ville que Bossuet s'attache encore, en
consciencieux éducateur de son roi, à retracer
les considérables entreprises qu'une reine,
Nitocris, mère de Balthasar, le dernier roi de
Babylone, exécuta « pour rompre la violence
des eaux trop impétueuses de l'Euphrate ».
Non seulement « il fallut le faire couler par
mille détours et lui creuser de grands lacs »,
mais le plus merveilleux travail « ce fut
d'élever, sur l'Euphrate, un pont de pierre afin
que les deux côtés de la ville, que l'immense
largeur de ce fleuve séparait trop, puissent
communiquer ensemble. Il fallut donc mettre
à sec une rivière si rapide et si profonde, en

détournant ses eaux dans un lac immense que la reine avait fait creuser ».

Bossuet ajoute que l'on « revêtit de briques les deux bords du fleuve jusqu'à une hauteur étonnante, en y laissant des descentes revêtues de même ». Quelles n'eussent pas été ses réflexions, à l'aurore du xx⁰ siècle, de considérer les rapports remarquables, déposés au Sénat de France, pour la construction de canaux indispensables, et le peu d'empressement manifesté en faveur de l'exécution pratique des projets !

On a dit et redit, cependant, de quelle importance sont les transports dans un pays. « Prenez un objet quelconque. Si son prix de revient est de 1 fr. 50, vous pouvez hardiment affirmer que dans ce prix les frais de transport entrent pour les deux tiers. Il y a la construction de l'usine, l'outillage, la construction de la maison de l'ouvrier, le vêtement de l'ouvrier, son alimentation, les frais de voyage de l'employé qui est chargé de placer la marchandise, etc... » ; c'est ainsi que s'exprimait M. Audiffred, au Sénat.

Et la guerre a éclaté sans que nos wagons, dans les diverses compagnies, eussent même des roues interchangeables.

Et des périodes dithyrambiques sur le pouvoir magique des écoles professionnelles pour former d'habiles contremaîtres en mécanique, en teinture, en tissage, en construction, n'ont pas fait construire une école de plus.

Lorsque Bossuet nous montre Cyrus détournant l'Euphrate dans le même lac et s'ouvrant ainsi un passage des deux côtés de la ville, il ne peut retenir une observation : « Si Babylone eût pu croire qu'elle eût été périssable, comme toutes les choses humaines, et qu'une confiance insensée ne l'eût pas jetée dans l'aveuglement, non seulement elle eût pu prévoir ce que fit Cyrus, puisque la mémoire d'un travail semblable était récente, mais encore, en gardant toutes les descentes, elle eût accablé les Perses dans le lit de la rivière, où ils passaient. »

Imprévoyance ! Ici, il serait peut-être encore facile de faire des rapprochements, mais passons.

On voit que si, comme Fénelon, Racine, et auparavant Malherbe, Bossuet a maudit, en chaque occasion, l'art infâme qui incite les hommes à s'entre-tuer, il n'a jamais poussé l'utopie mortelle jusqu'à déclarer inutile la garde qui veille sur la Nation ; autrement le général de Castelnau n'aurait pu, dans son discours à l'Académie, emprunter à Bossuet la réflexion que l'évêque appliqua aux Perses : « L'art militaire avait parmi eux la préférence qu'il méritait, comme celui à l'abri duquel tous les autres peuvent s'exercer en repos. » Au temps de Bossuet, pas plus qu'à l'époque à demi sauvage où nous avons la tristesse de vivre, les particuliers ne peuvent rester impunément sans défense, pas plus que les États. Les socialistes caressent-ils l'espoir de substituer aux scélérates atteintes à la tranquillité publique la concorde, la douceur et l'amitié entre tous ? Nous l'ignorons : toutefois ils sont forcés d'enregistrer un début bien décevant pour eux, en Russie.

Apprenons, en attendant, des maximes précises et fécondes pour le progrès invincible des États. « Les Grecs, s'écrie Bossuet, n'étaient pas des particuliers qui ne songent qu'à leurs affaires et ne sentent les maux de l'État qu'autant qu'ils en souffrent eux-mêmes. Leurs rois furent tous populaires, non point en flattant le peuple, mais en procurant son bien et en faisant régner la loi. »

Ne sont-elles pas profitables ces remarques et de même celles que nous lisons sur « l'Aéropage si révéré dans toute la Grèce, d'où l'éloquence trompeuse a toujours été bannie ».

Cela fut écrit pour l'instruction du Dauphin, qui n'en profita guère, mais surtout pour nous, les hommes de 1920, qui devons mieux profiter du code précieux dont le génie de ce grand homme nous a dotés. Quel esprit humain fut plus riche que le sien en conclusions pratiques qui instruisent, servent de guide aux gouvernants autant qu'aux gouvernés et qui sont vraies toujours, ne pouvant être démenties par aucun de ces *magna et acuta ingenia* dont il s'est moqué avec tant de hauteur.

Et il parle des philosophes grecs, il en cite leur « maxime la plus commune : qu'il fallait ou se retirer des affaires publiques, ou n'y regarder que le bien public ».

En est-il un, parmi nous, qui, en ces jours révélateurs, apprenant à son réveil les plus tristes choses, ne voudrait être en mesure d'imposer, sur-le-champ, cette maxime à tous ceux qui tiennent en main une partie de la chose publique ?

« Ce que fit la philosophie, ajoute-t-il, pour conserver l'État de la Grèce, n'est pas croyable. Plus ces peuples étaient libres, plus il était nécessaire d'y établir, par de bonnes raisons, les règles des mœurs et celles de la société. »

C'est absolument ce que nos orateurs

ressassent, sous toutes les formes, lorsqu'ils proclament que plus un pays prend la forme démocratique, plus il a besoin à sa tête d'hommes supérieurs.

Après qu'Alexandre fut délivré du seul ennemi digne de lui, Memnon, il put donner libre cours à ses conquêtes jusqu'à ce qu'il mourût lui-même, à l'âge de trente-trois ans et que les royaumes formés des débris de son immense empire : la Syrie, la Macédoine, l'Égypte, cédassent à la puissance des Romains.

Avant de rappeler la guerre du Péloponèse, entre les turbulentes Athènes et Lacédémone, Bossuet voit nettement que les républiques de la Grèce, quand elles ont cru « n'avoir plus à craindre la puissance des Perses, se tournèrent les unes contre les autres. Comme la crainte les tenait unies, la victoire et la confiance rompirent l'union ».

Il en est toujours ainsi. Ah ! il n'en oublie pas beaucoup, ce grand historien, ce grand penseur, des principes qui gouvernent la vie des nations. Il n'est point d'œuvre au monde qui découvre mieux que la sienne les causes infaillibles de l'ascension et de la chute des États. Et il paraît prononcer l'oraison funèbre d'Alexandre, comme s'il avait été tout

près de son cercueil : « Ainsi, ce grand conquérant, le plus renommé et le plus illustre qui
fut jamais, a été le dernier roi de sa race.
S'il fût demeuré paisible, dans la Macédoine,
la grandeur de son Empire n'aurait pas tenté
ses capitaines, et il eût pu laisser à ses enfants
le royaume de ses pères. Mais parce qu'il avait
été trop puissant, il fut cause de la perte de
tous les siens ; et voilà le fruit glorieux de
tant de conquêtes. »

Faisons une digression pour citer ici des
lignes qui restent un des chefs-d'œuvre du
poète des *Destinées*. Et ce poète-là, nous le
classons bien haut. Il est sans doute intéressant de rapprocher la jolie prose de ce noble
romantique de celle de Bossuet. Nous verrons
ainsi, côte à côte, deux genres sublimes de
perfection.

Victor Hugo reconnaissait qu'*Eloa*, de
Vigny, était le poème le plus pur de la langue
française. On trouve, sans contredit, de la
pureté, de la perfection dans toute l'œuvre
d'Alfred de Vigny.

Et quelle prose ! Voilà, certes, l'un des plus
magnifiques exposés parmi nos plus grands auteurs : « Que nous reste-t-il de sacré ? Dans le
naufrage universel des croyances, quels débris

où se puissent rattacher encore les mains généreuses ? Hors l'amour du bien-être et du luxe d'un jour, rien ne se voit à la surface de l'abîme. On croirait que l'égoïsme a tout submergé ; ceux même qui cherchent à sauver les âmes et qui plongent avec courage se sentent prêts à être engloutis. Les chefs des partis politiques prennent aujourd'hui le catholicisme comme un mot d'ordre et un drapeau ; mais quelle foi ont-ils dans ses merveilles, et comment suivent-ils sa loi dans leur vie ? Les artistes le mettent en lumière comme une précieuse médaille et se plongent dans ses dogmes comme dans une source épique de poésie ; mais combien y en a-t-il qui se mettent à genoux dans l'église qu'ils décorent ?

« A ces signes funestes, des hommes graves se sont demandé si le caractère national n'allait pas se perdre pour toujours. Mais ceux qui ont su nous voir de plus près ont remarqué ce caractère de mâle détermination qui survit en nous à tout ce que le frottement des sophismes a usé déplorablement.

« La moindre pensée produit des actes aussi grands que jadis la foi la plus fervente. Parmi nous, les croyances sont faibles, mais l'homme est fort. Chaque fléau trouve cent Belzunces.

« Oui, j'ai cru apercevoir sur cette sombre mer un point qui m'a paru solide. Je l'ai vu d'abord avec incertitude, et, dans le premier moment, je n'y ai pas cru. J'ai craint de l'examiner et j'ai longtemps détourné de lui mes yeux. Ensuite, parce que j'étais tourmenté du souvenir de cette première vue, je suis revenu, malgré moi, à ce point visible, mais incertain. Je l'ai approché, j'en ai fait le tour, j'ai vu sous lui et au-dessus de lui, j'y ai posé la main, je l'ai trouvé assez fort pour servir d'appui dans la tourmente, et j'ai été rassuré.

« Ce n'est pas une foi neuve, un culte de nouvelle invention, une pensée confuse, c'est un sentiment né avec nous, un sentiment fier, inflexible, un instinct d'une incomparable beauté.

« Cette foi est celle de l'Honneur. »

On ne peut pas, étant Français, oublier de tels écrits qui sont dans notre prose comme un chant national.

Ils exaltent autant notre amour du terroir que la *Marseillaise* ou le *Chant du Départ.*

Eh bien, lisons tous et apprenons par cœur, faisons lire et apprendre, à tous ceux dont nous voulons faire des hommes, les pages où Bossuet dit ce qu'il pense des Romains. Le style n'a pas besoin d'être analysé, il suffit qu'on jouisse et du rythme et du chant. Les pensées sont parmi les plus grandioses de l'un des plus sublimes cerveaux qui aient illustré le genre humain. Bossuet possédait la science la plus documentée, la plus profonde et la plus claire pour dégager les causes qui élèvent, jusqu'aux étoiles, les plus grands empires ou les font descendre au tombeau. Nous ne pouvons donner ici que des extraits parmi ces envolées littéraires et historiques qu'il serait impardonnable de taire. C'est ce qu'il y a de plus majestueux au monde.

« Nous sommes enfin venus, dit Bossuet, à ce grand empire qui a englouti tous les empires de l'univers, d'où sont sortis les plus grands royaumes du monde que nous habitons, dont nous respectons encore les lois.

« De tous les peuples du monde, le plus fier et le plus hardi, mais tout ensemble le plus réglé dans ses conseils, le plus constant dans ses maximes, le plus avisé, le plus laborieux, et enfin le plus patient a été le peuple romain.

« De tout cela s'est formée la meilleure milice et la politique la plus prévoyante, la plus ferme et la plus suivie qui fut jamais.

« Le fond d'un Romain, pour ainsi parler, était l'amour de sa liberté et de sa patrie. Une de ces choses lui faisait aimer l'autre ; car, parce qu'il aimait sa liberté, il aimait aussi sa patrie comme une mère qui le nourrissait dans des sentiments également généreux et libres.

« Sous ce nom de liberté, les Romains se figuraient, avec les Grecs, un état où personne ne fût sujet que de la loi, et où la loi fût plus puissante que les hommes.

« La liberté leur était donc un trésor qu'ils préféraient à toutes les richesses de l'univers, n'y ayant rien de plus libre ni de plus indépendant qu'un homme qui sait vivre de peu, et qui, sans rien attendre de la protection ou de la libéralité d'autrui, ne fonde sa subsistance que sur son industrie et sur son travail.

« Les sénateurs les plus illustres, à n'en regarder que l'extérieur, différaient peu des paysans, et n'avaient d'éclat ni de majesté qu'en public et dans le Sénat. Du reste, on les trouvait occupés du labourage et des autres soins de la vie rustique, quand on les allait quérir pour commander les armées. Ces exemples sont fréquents dans l'histoire romaine. Curius et Fabrice, ces grands capitaines qui vainquirent Pyrrhus, un roi si riche, n'avaient que de la vaisselle de terre ; et le premier, à qui les Samnites en offraient d'or et d'argent, répondit que son plaisir n'était point d'en avoir, mais de commander à qui en avait.

« Après avoir triomphé, et avoir enrichi la République des dépouilles de ses ennemis, ils n'avaient pas de quoi se faire enterrer. La modération et l'innocence des généraux romains faisaient l'admiration des peuples vaincus. »

Et ici les considérations d'art ne laissent pas Bossuet plus indifférent qu'il ne le fut pour l'art de l'Égypte, de l'Assyrie, de la Grèce :

« Cependant, dans ce grand amour de la pauvreté, les Romains n'épargnaient rien pour la grandeur et pour la beauté de leur ville. Dès leurs commencements, les ouvrages publics furent tels, que Rome n'en rougit pas depuis même qu'elle se vit maîtresse du monde. Les principaux temples, les marchés, les bains, les places publiques, les grands chemins, les aqueducs, les cloaques mêmes et les égouts de la ville, avaient une magnificence qui paraîtrait incroyable, si elle n'était attestée par tous les historiens, et confirmée par les restes que nous en voyons. »

Nous avons entendu remarquer par un professeur du Collège de France, que si Bossuet a tant aimé les Romains c'est qu'il les avait vus profiter de tous les perfectionnements qu'ils trouvaient chez les autres peuples. Rien que par ce qui précède on peut déjà énumérer d'autres causes d'admiration pour ce peuple, à qui Bossuet n'a pas non plus ménagé ses critiques lorsqu'il a distingué chez lui, à partir d'une certaine date, des causes d'effondrement inévitable. Quoi qu'il en soit, Bossuet n'oublie pas de signaler que les Romains « ont appris des Carthaginois l'invention des galères, par lesquelles ils les ont battus et ont tiré de toutes les nations qu'ils ont connues de quoi les surmonter toutes ».

Bossuet se reporte à Salluste pour montrer ce qu'ils ont appris « de leurs voisins et de leurs ennemis mêmes ». Ne voit-on pas une fois de plus avec quelle admirable prévoyance il s'attachait à ne laisser passer aucun exemple d'histoire qui pût être fécond pour l'instruction d'un futur gouvernant?

Nous sommes tous bien placés aujourd'hui pour apprécier la valeur pratique, vitale de ses puissants conseils.

Arrivés à un alinéa classique (les alinéas

classiques sont nombreux chez notre auteur) !
nous croyons devoir n'y rien retrancher pour
donner un bon exemple de plus et de la souplesse
du style et de la facilité d'assimilation de tous
les arts, de toutes les sciences par quoi se
distingue, en toutes choses, Bossuet :

« Les Romains ont donc trouvé, ou ils ont
bientôt appris l'art de diviser les armées en
plusieurs bataillons et escadrons, et de former
les corps de réserve, dont le mouvement est
si propre à pousser ou à soutenir ce qui
s'ébranle de part et d'autre. Faites marcher
contre des troupes ainsi disposées la phalange
macédonienne : cette grosse et lourde machine
sera terrible, à la vérité, à une armée sur
laquelle elle tombera de tout son poids ; mais,
comme parle Polybe, elle ne peut conserver
longtemps sa propriété naturelle, c'est-à-dire
sa solidité et sa consistance, parce qu'il lui
faut des liens propres, et pour ainsi dire faits
exprès, et qu'à faute de les trouver, elle
s'embarrasse elle-même, ou plutôt, elle se
rompt par son propre mouvement ; joint
qu'étant une fois enfoncée, elle ne sait plus se
rallier. Au lieu que l'armée romaine, divisée
en ses petits corps, profite de tous les lieux,
et s'y accommode : on l'unit et on la sépare

comme on veut ; elle défile aisément, et se
rassemble sans peine ; elle est propre aux
détachements, aux ralliements, à toute sorte
de conversions et d'évolutions, qu'elle fait ou
tout entière ou en partie, selon qu'il est conve-
nable ; enfin elle a plus de mouvements divers,
et par conséquent, plus d'action et plus de
force que la phalange. Concluez donc, avec
Polybe, qu'il fallait que la phalange lui cédât,
et que la Macédoine fût vaincue. »

Nous, Français de la troisième République,
nous avons vécu tant de choses que presque
toutes les réminiscences de l'Histoire lointaine
semblent pour nous des actualités. C'est, il
est vrai, la sagesse et la tactique d'un écrivain
qui ne veut jamais mourir, et Jacques Bénigne
de Meaux n'est pas mortel, de s'arrêter sur
les seuls faits qu'il sait devoir se renouveler
éternellement parmi les hommes. C'est, au
surplus, digne de l'esprit d'un philosophe
comme lui.

Il y a peu de mois que tous nous nous
abordions en nous demandant les uns aux
autres ce qu'il fallait penser du sérieux, du
silence des comités secrets. De la tribune, un
général a crié ouvertement ses doutes. Eh
bien Bossuet, là comme ailleurs, se montre-t-il

ou non homme d'État, lorsqu'il choisit un exemple impressionnant pour instruire son élève sur ce que doit être la dignité du secret dans les Assemblées qui gouvernent ? Voilà comment il s'exprime à cet égard :

« Pour le secret, Tite-Live nous en donne un exemple illustre. Pendant qu'on méditait la guerre contre Persée, Eumènes, roi de Pergame, ennemi de ce prince, vint à Rome pour se liguer contre lui avec le Sénat. Il y fit ses propositions en pleine assemblée, et l'affaire fut résolue par les suffrages d'une compagnie composée de trois cents hommes. Qui croirait que le secret eût été gardé, et qu'on n'ait jamais rien su de la délibération que quatre ans après, quand la guerre fut achevée ? Mais ce qu'il y a de plus surprenant est que Persée avait à Rome des ambassadeurs pour observer Eumènes. Toutes les villes de Grèce et d'Asie, qui craignaient d'être enveloppées dans cette querelle, avaient aussi envoyé les leurs, et tous ensemble tâchaient à découvrir une affaire d'une telle conséquence. Au milieu de tant d'habiles négociateurs, le Sénat fut impénétrable. »

Un des quatre grands poètes du siècle passé a dit de Thiers, qu'il montait et descendait avec son sujet et se tenait toujours au niveau de l'événement qu'il relatait. C'est déjà bien, mais nous avons ici la rare fortune de suivre en Bossuet un historien soulevé par de grandes ailes, doué splendidement du don de divination et de poésie et qui, pour ainsi parler, domine tous les sujets. C'est se tenant au-dessus qu'il analyse les événements publics servant à ses thèses ou plutôt à sa thèse unique qui nous montre la dépendance, la misère, la petitesse, la sagesse si courte de l'homme lorsqu'il marche aveuglément à sa perte et surtout lorsqu'il se croit dans la prospérité.

Son œil d'aigle, son œil de voyant découvre les événements dont les conséquences sont d'une portée très philosophique, très générale et, de sa langue expressive, il les presse, les pétrit, les façonne pour que rien n'échappe de ce qu'il juge digne d'instruire la postérité.

Ce sont de beaux bronzes qu'il a coulés, aux traits énergiques, à la ciselure savante et dont la patine acquiert de plus en plus des teintes séduisantes à mesure que nous avançons dans le temps.

Il est classique de constater que les dons nécessaires pour bien écrire l'histoire sont si rarement réunis chez un même homme que les poètes ont toujours vécu en beaucoup plus grand nombre que les historiens véritables.

Nous n'appelons pas écrire l'histoire que de faire seulement mention, prenons l'ancienne Toscane, par exemple, de la querelle des Guelfes et des Gibelins ; que de nous montrer Lannes, amputé à Essling ou son grand chef blessé à Ratisbonne. On n'est pas historien pour savoir les cinquante dates des éruptions du Vésuve, depuis celle qui engloutit Herculanum et Pompéi. Entre cette chronologie et l'histoire raisonnée par un génie, il y a la même distance qu'entre la géographie qu'on avait tendance d'enseigner jusqu'en ces derniers temps et qui n'omettait pas un affluent des principaux fleuves, ni un col de montagne ni le moindre détroit et celle que l'on nomme la géographie économique et politique et d'où l'on peut faire jaillir aisément d'autres frondaisons que de la première.

C'est lorsqu'on s'est hissé sur les hauts massifs de l'Histoire qu'on peut en contempler les plaines. C'est dans les grands exemples qu'il faut puiser, si l'on veut répandre dans les masses l'éducation la plus féconde. « La nature, dit Bossuet, ne manque pas de faire naître dans tous les pays des esprits et des courages élevés, mais il faut lui aider à les former. Ce qui les forme, ce qui les achève, ce sont des sentiments forts et de nobles impressions qui se répandent dans tous les esprits, et passent insensiblement de l'un à l'autre. »

Mais alors, demandons-nous, à cette place, quelle espèce d'éducation vont recevoir ceux qui naîtront et verront ici-bas les plus mauvaises actions à peu près impunies, et la récompense pas souvent au bout des efforts opiniâtres. Ils ne pourront pas toujours s'inspirer de ceux qui, haut placés, devraient donner le bon exemple. Ils verront interpréter en droit pénal, de façon bien large, « les peines trop sévères énervent la répression » et en droit civil « vivre c'est agir, agir c'est nuire à autrui ». Ils considéreront, avec quelque surprise, que les plus savantes organisations de l'industrie persévérante et laborieuse auront été désagrégées par des orateurs sans emploi qui sont le contraire des savants, des persévérants, des laborieux. Ils verront, n'y comprenant rien, que les plus graves choses concernant la vie réelle, sont résolues dans des parlottes où pullulent surtout ceux-là qui ont de la vie la notion la moins pratique.

Mais n'est-ce pas que nous ne verrons bientôt plus tout cela, car tous ensemble n'allons-nous pas lutter, sans jamais, plus que les Romains, désespérer de nos affaires. Là encore va parler Bossuet : « Aussi voyons-nous que les Romains n'ont jamais désespéré de leurs affaires, ni quand Porsenna, roi d'Étrurie, les affamait dans leurs murailles ; ni quand les Gaulois, après avoir brûlé leur ville, inondaient tout leur pays et les tenaient serrés dans le Capitole ; ni quand Pyrrhus, roi des Épirotes, aussi habile qu'entreprenant, les effrayait par ses éléphants, et défaisait toutes leurs armées ; ni quand Annibal, déjà tant de fois vainqueur, leur tua encore plus de cinquante mille hommes et leur meilleure milice dans la bataille de Cannes.

« Ce fut alors que le consul Terentius Varro, qui venait de perdre par sa faute une si grande bataille, fut reçu à Rome comme s'il eut été victorieux, parce seulement que dans un si grand malheur il n'avait point désespéré des affaires de la République. Le Sénat l'en remercia publiquement ; et dès lors on résolut, selon les anciennes maximes, de n'écouter dans ce triste état aucune proposition de paix. L'ennemi fut étonné ; le peuple reprit cœur, et crut avoir des ressources que le Sénat connaissait par sa prudence. »

Voilà, si bien raconté, un retour de Varro, qui a son éloquence ! Après avoir magnifié les vertus solides, disciplinées de ce grand peuple, Bossuet examine les causes tangibles de sa dislocation. Il insinue d'abord que « malgré cette grandeur du nom romain, malgré la politique profonde et toutes les belles institutions de cette fameuse république, elle portait en son sein la cause de sa ruine, dans la jalousie perpétuelle du peuple contre le Sénat, ou plutôt des plébéiens contre les patriciens ».

Cela constitue évidemment une raison de heurts, de chaos, de déperdition de forces et une cause d'injustices qui commencent de miner les organisations les mieux bâties. Joint à cela l'agrandissement démesuré de l'Empire qui fera dire à Chateaubriand : « Quant la République romaine finissait au mont Aventin, ses enfants mouraient avec joie pour elle ; ils cessèrent de l'aimer quand ses limites atteignirent les Alpes et le Taurus. »

Bossuet « n'ignore pas qu'on pourrait ajouter aux causes de la ruine de Rome beaucoup d'incidents particuliers. Les rigueurs des créanciers sur leurs débiteurs ont excité de grandes et de fréquentes révoltes. La prodigieuse quantité de gladiateurs et d'esclaves dont Rome et l'Italie étaient surchargées ont causé d'effroyables violences, et même des guerres sanglantes. Rome, épuisée par tant de guerres civiles et étrangères, se fit tant de nouveaux citoyens, ou par brigue ou par raison, qu'à peine pouvait-elle se reconnaître elle-même parmi tant d'étrangers qu'elle avait naturalisés. Le Sénat se remplissait de Barbares ; le sang romain se mêlait ; l'amour de la patrie, par lequel Rome s'était élevée au-dessus de tous les peuples du monde, n'était pas naturel à ces citoyens venus de dehors ; et les autres se gâtaient par le mélange ».

Gaston Boissier qui nous a donné *La Conjuration de Catilina* puis aussi *Cicéron et ses amis* cite le mot d'Hésiode : « Que je voudrais être mort plus tôt, ou être né plus tard » parce que notre époque connaît précisément ces « mécontentements du présent et ces incertitudes du lendemain » comme au temps « des personnages que nous dépeignent les lettres de Cicéron, et qui, malgré les années, semblent souvent être nos contemporains ».

La mort a surpris Gaston Boissier avant

qu'il n'ait pu suivre comme nous, heure par heure, les conjurations qui se sont ourdies sous nos yeux. De temps à autre revient sur la scène du monde un personnage qui plus ou moins est le sosie de Catilina. Heureux lorsque la Providence suscite assez tôt un nouveau Cicéron qui fait résonner ses appels jusqu'au mont Palatin d'où la garde peut descendre et s'emparer du conspirateur.

Lorsqu'après le discours de Cicéron le Sénat eut exilé de Rome Catilina, des gens insinuaient qu'il n'était pas coupable et avait été exilé sans jugement. Les aveugles, en matière politique, sont les plus nombreux dans toutes les générations.

Mais reprenons la condensation magistrale que Bossuet continue d'effectuer de ces temps séditieux : « Cependant le nombre des pauvres s'augmentait sans fin par le luxe, par les débauches, et par la fainéantise qui s'introduisait. Ceux qui se voyaient ruinés n'avaient de ressource que dans les séditions, et en tout cas se souciaient peu que tout pérît après eux. On sait que c'est ce qui fit la conjuration de Catilina. Les grands ambitieux, et les misérables qui n'ont rien à perdre, aiment toujours le changement. Ces deux genres de citoyens prévalaient dans Rome ; et l'état mitoyen, qui seul tient tout en balance dans les États populaires, étant le plus faible, il fallait que la République tombât.

« On peut joindre encore à ceci l'humeur et le génie particulier de ceux qui ont causé les grands mouvements, je veux dire des Gracques, de Marius, de Sylla, de Pompée, de Jules César, d'Antoine et d'Auguste. J'en ai marqué quelque chose ; mais je me suis attaché principalement à vous découvrir les causes universelles et la vraie racine du mal, c'est-à-dire cette jalousie entre les deux ordres, dont il vous était important de considérer toutes les suites. »

C'est en 1700 que Bossuet revit lui-même la troisième édition du *Discours sur l'Histoire Universelle*. Un siècle a passé avant que ne fussent mises en pièces les statues de Louis XIV sur la place Vendôme, d'Henri IV sur le Pont-Neuf, de Louis XIII sur la place Royale et de Louis XV sur la place de ce nom.

Un siècle a passé avant que, Necker parti, Duport du Tertre devînt premier ministre, élevé à ce poste par la Révolution d'un emploi de 1.000 francs par an qu'il occupait.

Un siècle a passé avant que Mirabeau ne criât
devant la Constituante : « Silence aux trente
voix », avant que Robespierre dans un des plus
mémorables discours de la fin de la Terreur
n'attaquât, par ces mots, Vergniaud, Gensonné,
Danton et les Encyclopédistes : « Fanatiques,
n'espérez rien de nous. Rappeler les hommes
au culte pur de l'Être suprême, c'est porter
un coup mortel au fanatisme. Toutes les fictions
disparaissent devant la vérité et toutes les
folies tombent devant la raison. Sans contrainte, sans persécution, toutes les sectes
doivent se confondre elles-mêmes dans la
religion universelle de la nature.

« La cause du crime est liée à celle de
l'athéisme. Socrate mourant, entretient ses
amis de l'immortalité de l'âme. »

Un siècle a passé avant que le jeune Saint-
Just n'exaltât la façon — simple — « dont
fut immolé le tyran César en plein Sénat,
sans autre formalité que vingt-deux coups
de poignard, sans autre loi que la liberté de
Rome ».

Un siècle a passé avant que cent ou deux
cent mille détenus politiques n'emplissent les
prisons de Paris.

Un siècle a passé avant que le parti

de Danton, Philippeaux, Desmoulins, Fabre d'Églantine, Westermann fût traité de parti du modérantisme et discrédité.

C'est que la municipalité était anarchiste et plaisait au peuple exalté, à qui l'on avait inculqué la soif des innovations de toute nature, et que l'on avait grisé, jusqu'à l'en tuer, de la passion de la liberté.

Nous avons fait ici définir parfois par Proudhon, par Rousseau, ce qu'ils ont pensé de cette liberté des multitudes. Nous l'avons entendu exposer par Bossuet toujours.

Lorsque La Fayette eut fusillé celui qui, au bout d'une pique, non seulement promenait la tête du boulanger François, mais encore faisait baiser ces lèvres livides par l'infortunée veuve qui, du reste, terrassée de désespoir, s'évanouit : aussitôt le peuple murmura qu'il n'avait que de prétendues libertés puisqu'il ne pouvait même pendre celui qu'il désignait.

Et tout ce dérèglement pour arriver à la hideuse banqueroute qui avait existé en fait avant que le Directoire ne l'eût proclamée, puisque le papier-monnaie était tombé en 1797 au deux cent cinquantième de son titre nominal.

Et tout ce carnage pour arriver à ruiner,

en rendant le commerce et l'industrie impossibles, les classes moyennes qui étaient pourtant celles qui avaient si hardiment commencé la Révolution. Les commissaires nommés par chaque commune et autorisés à fixer le prix de vente de chaque article entravaient toutes les transactions.

La prostration était totale et ce n'étaient pas les harangues de Chaumette, procureur général de la commune, qui la guérissaient. Il avait beau invoquer Platon aussi bien que Rousseau : « Celui qui frappe avec l'épée mérite de périr par l'épée. Celui qui affame le peuple mérite de mourir par la famine. Lorsque le peuple n'aura plus rien à manger, il mangera les riches. »

En résumé, pour les nobles et les prêtres le sort était depuis longtemps jeté. Les classes moyennes étaient devenues les véritables opprimées. Quant au peuple, pour cet instant l'oppresseur, il était, malgré ce rôle quelque peu tyrannique, presque aussi bien en chair que les bœufs dont parlait Barère lorsqu'il faisait décréter six semaines de jeûne : « Les bœufs que l'on abat à l'heure où je parle n'ont pas assez de graisse pour éclairer leur propre mort. »

Il en sera toujours de même dans toutes les révolutions. Aucun parti, aucun homme n'occupera longtemps le pouvoir. Ceux qui d'abord veulent de justes réformes devront bientôt céder à la pression des énergumènes. Ceux-là même, après leurs méfaits, seront jetés par terre par tant d'autres qui aspirent à occuper les premières places.

Voilà ce que sont capables de produire les « grands ambitieux » appuyés sur les « misérables qui n'ont rien à perdre » parce qu'ils « aiment toujours le changement ».

*
* *

Libre à chacun, après de tels exemples, d'avoir les opinions qu'il lui plaît. Pour nous, nous continuerons d'apprendre par cœur Bossuet dont voici la conclusion de l'inappréciable *Discours* :

« Mais souvenez-vous, Monseigneur, que ce long enchaînement des causes particulières, qui font et défont les empires, dépend des ordres secrets de la divine Providence. Dieu tient du plus haut des cieux les rênes de tous les royaumes ; il a tous les cœurs en sa main : tantôt il retient les passions, tantôt il leur lâche la bride ; et par là il remue tout le genre humain. Veut-il faire des conquérants ? il fait marcher l'épouvante devant eux, et il inspire à eux et à leurs soldats une hardiesse invincible. Veut-il faire des législateurs ? il leur envoie son esprit de sagesse et de prévoyance ; il leur fait prévenir les maux qui menacent les États, et poser les fondements de la tranquillité publique. Il connaît la sagesse humaine, toujours courte par quelque endroit ; il l'éclaire, il étend ses vues, et puis il l'abandonne à ses ignorances ; il l'aveugle, il la précipite, il la confond par elle-même : elle s'enveloppe, elle s'embarrasse dans ses propres subtilités, et ses précautions lui sont un piège. »

. . . .

« L'Égypte, autrefois si sage, marche enivrée, étourdie et chancelante, parce que le Seigneur a répandu l'esprit de vertige dans ses conseils ; elle ne sait plus ce qu'elle fait, elle est perdue. Mais que les hommes ne s'y trompent pas : Dieu redresse quand il lui plaît le sens égaré ; et celui qui insultait à l'aveuglement des autres tombe lui-même dans des ténèbres plus épaisses, sans qu'il faille souvent autre chose, pour lui renverser le sens, que ses longues prospérités. »

. . . .

« C'est pourquoi tous ceux qui gouvernent se sentent assujettis à une force
majeure. Ils font plus ou moins qu'ils ne
pensent, et leurs conseils n'ont jamais manqué
d'avoir des effets imprévus. Ni ils ne sont
maîtres des dispositions que les siècles
passés ont mises dans les affaires, ni ils ne
peuvent prévoir le cours que prendra l'avenir,
loin qu'ils le puissent forcer. Celui-là seul
tient tout dans sa main, qui sait le nom de
ce qui est et de ce qui n'est pas encore, qui
préside à tous les temps et prévient tous les
conseils.

. « Alexandre ne croyait pas travailler pour
ses capitaines, ni ruiner sa maison par ses
conquêtes. Quand Brutus inspirait au peuple
romain un amour immense de la liberté, il
ne songeait pas qu'il jetait dans les esprits
le principe de cette licence effrénée par
laquelle la tyrannie qu'il voulait détruire
devait être un jour rétablie plus dure que
sous les Tarquins. Quand les Césars flattaient
les soldats, ils n'avaient pas dessein de
donner des maîtres à leurs successeurs et

à l'Empire. En un mot, il n'y a point de puissance humaine qui ne serve malgré elle à d'autres desseins que les siens. »

Oui, tous ceux qui gouvernent la sentent cette « force majeure », et un exemple encore en est fourni par Robespierre qui avait réussi à dominer les autres dans une Révolution qui se proposait d'anéantir tout ce qui s'élevait au-dessus du commun des hommes par la vertu, le savoir, les perfections de tout genre. Nous lisons dans son beau discours : « Aux yeux du législateur, tout ce qui est utile au monde et bon dans la pratique est la vérité ! L'idée de l'Être suprême et de l'immortalité de l'âme est un rappel continuel à la justice, elle est donc sociable et républicaine...

« Vous qui regrettez un ami vertueux, vous aimez à penser que la plus belle partie de lui-même a échappé au trépas ? Vous qui pleurez sur le cercueil d'un fils ou d'une épouse, êtes-vous consolé par celui qui vous dit qu'il ne reste plus d'eux qu'une vile poussière ? Malheureux, qui expirez sous les coups d'un assassin, votre dernier soupir est un appel à la justice éternelle ? »

Et ce qui nous incite le plus à appuyer sur les mêmes réflexions que nous fûmes amené à faire si souvent dans ce livre, c'est d'entendre Robespierre poursuivre ainsi son discours : « La secte des encyclopédistes propagea avec beaucoup de zèle l'opinion du matérialisme qui prévalut parmi les grands et parmi les beaux esprits (rappelons-nous, à nouveau, *magna et acuta ingenia...*) ; on lui doit en partie cette espèce de philosophie pratique qui, réduisant l'égoïsme en système, regarde la société humaine comme une guerre de ruses, le succès comme la règle du juste et de l'injuste, la probité comme une affaire de goût ou de bienséance, le monde comme le patrimoine des fripons adroits... »

Au bruit des acclamations provoquées par ce discours, la Convention a décrété unanimement qu'elle reconnaissait l'existence de l'Être suprême et l'immortalité de l'âme.

Ce discours, ce décret de la Convention n'est-il pas comme un arc-en-ciel dans le naufrage général causé par un déchaînement atroce de toutes les passions des hommes. Une belle lueur aussi projette les derniers mots du plus instructif des livres de Bossuet :

« Ainsi je n'ai plus rien à vous dire sur la première partie de l'histoire universelle. Vous en découvrez tous les secrets, et il ne tiendra plus qu'à vous d'y remarquer toute la suite de la religion, et celle des grands empires jusqu'à Charlemagne.

« Pendant que vous les verrez tomber presque tous d'eux-mêmes, et que vous verrez la religion se soutenir par sa propre force, vous connaîtrez aisément quelle est la solide grandeur, et où un homme sensé doit mettre son espérance. »

IV

CONCLUSION

Nous voici au terme de notre course à travers un siècle illustre où malgré Condé et Villars, les vainqueurs de Rocroi et de Denain ; malgré Tourville, Duguay-Trouin ; malgré Colbert et Louvois et Lamoignon et d'Aguesseau, la dette publique pour l'époque était énorme et les terres abandonnées. Le Régent allait paraître, puis ce fut la banqueroute avec Jean Law. Abandonnons les hommes de guerre, les hommes d'État et tous les princes pour rendre aux artistes du grand siècle un hommage qu'ils ont bien gagné.

Le théâtre n'était pas en peine avec Corneille, Racine et Molière ; la musique avec Lulli, l'architecture avec Perrault et Mansard, et les beaux-arts entraient dans une floraison rare grâce à Rigaud, Largillière, Mignard, Jouvenet, Houasse, Lesueur et Lebrun.

Ils n'étaient pas délaissés, d'ailleurs, par Versailles, les grands artistes : Rigaud reçut, nous dit la chronique de l'époque, le Cordon de Saint-Michel et des pensions. Il fut même directeur de l'Académie de peinture. Ses étoffes étaient, il est vrai, peintes avec un art qui n'a pas été surpassé depuis et ses portraits étaient frappants de ressemblance. Nous avons de lui le *Bossuet*, du Louvre, qui nous intéresse particulièrement ici.

Et Largillière, son rival, par un noble sentiment de part et d'autre, resta toujours son ami. Il ne se laissa point tenter par les offres de la Cour d'Angleterre où il avait de sa touche libre, savante et légère, peint le portrait de Jacques II et de la reine et revint en France. Nicolas de Largillière a laissé de grands biens et une fille unique digne de les posséder. Il laissa en outre un excellent élève, Oudry.

Considérez maintenant la noblesse et l'expression d'un portrait peint par François de Troy. Louis XIV n'eut-il pas raison de l'envoyer en Bavière faire le portrait de Madame la Dauphine ?

FRANÇOIS DE TROY. — PORTRAIT D'HOMME

Photo Goupil

Pierre Mignard fut précoce. Il avait à peine quinze ans, lorsque le maréchal de Vitry le chargea de peindre la chapelle de son château. Il s'en fut à Rome faire les portraits d'Urbain VIII, de la plupart des cardinaux, mais Mazarin, sur les ordres de Louis XIV et de la reine-mère, lui enjoignit de revenir en France où il fut chef de l'Académie de Saint-Luc, puisque Lebrun était directeur de l'Académie Royale.

Il fit dix portraits de Louis XIV et montrait, dit-on, beaucoup d'esprit dans le cénacle d'amis où fréquentaient Chapelle, Boileau, Racine et Molière.

Il mourut comblé d'honneurs et de biens et sa fille, la comtesse de Feuquières, lui fit élever un tombeau superbe rue Saint-Honoré, dans l'église des Jacobins.

Ces peintres, on en peut juger, ne sont pas morts dans la misère, comme Greuze. En ce pays de France où, en plein xiiie siècle, un homme, Pierre de Montereau, sut édifier un joyau comme la Sainte-Chapelle, restons sensibles et les premiers du monde, nous le pouvons, pour tout ce qui concerne et l'art et le bon goût.

A part des fantaisistes ultra-modernes qui

menaçaient de déraciner de chez nous l'art classique, d'autant plus fâcheusement que ces élucubrations maladives avaient pris naissance en dehors de nos frontières, notre xix° siècle est riche en glorieux artistes tels que Carrière et Rodin.

Admirons Delacroix, comme coloriste et pour la composition ; Ingres, dans le dessin et le portrait, puis notre fameuse École de 1830, qui éclate à Barbizon, avec Millet, Daubigny, Théodore Rousseau, Jules Dupré et Corot.

Harpignies vient de mourir, chargé d'années comme les grands arbres qu'il a peints.

Le nom de Manet rappelle la tentative hardie, souvent dangereuse, de la simplification des valeurs. Les sept couleurs du spectre sont juxtaposées sur la toile et l'impressionnisme surgit.

Il y a eu Renoir, qui a si bien fait les chairs et Degas, ce grand maître du mouvement. Malheureusement pour leurs tableaux, tous deux semblent n'avoir connu que des femmes affreusement laides.

Il y a eu Courbet, Henri Regnault, Ziem, Henner, Fantin-Latour parmi ses nymphes et ses roses et le grand Millet, nommé déjà,

INGRES. — VIERGE EN PRIÈRE

Photo Goupil

toujours si naturel dans ses peintures ou ses fusains.

Tant d'autres mériteraient d'être mentionnés ; mais — *enumeratio periculosa* — nous en omettrions beaucoup du temps de Claude Monet et de Gustave Moreau.

Contentons-nous d'en apprécier un, au hasard, Eugène Carrière. Ils sont tous grands, mais qui sait si celui-là n'est pas encore le plus grand.

Très poète, Carrière a toujours compris que le beau en peinture comme en poésie, tout en nous offrant des formes finies, doit éveiller en nous le sentiment de l'infini.

Nul autant que lui n'a ajouté à ses œuvres, à côté de la géniale aisance du dessin, plus de souplesse, plus de flou et plus de mystérieux.

C'est précisément le grand secret du génie que d'évoquer en nous, sous des traits limités, ce mystérieux indéfini, illimité.

L'artiste nous doit montrer que sous l'univers qui se découvre à nos sens, un immense univers se cache : insondable. C'est vers cet inconnu troublant que voguent nos espérances, notre rêverie. C'est aussi vers lui que vont échouer, hélas ! les efforts de l'esprit pour découvrir les causes et la raison d'être des mondes.

De cette source introuvable jaillit sans doute la sensibilité épandue dans l'espace et que nos nerfs recueillent imparfaitement, ce qui engendre ces extrêmes différences dans la sensibilité des grands artistes. Eugène Carrière se place au tout premier rang parmi les plus sensibles.

Le bâti, l'ossature, jusqu'aux lèvres d'un de ses visages paraissant au repos, trahissent le besoin de tendresse, d'expansion affectueuse. Tout ce que trace Carrière fait revivre éternellement cette tendresse, ce baiser, cette effusion qui, pour ce philosophe de l'amitié, semble être le seul mobile des battements de nos cœurs. A-t-il eu tort ?

Rien d'égoïste dans cet art : point d'être isolé. Les yeux, à peine esquissés par l'artiste, montrent déjà le rapport d'un être avec ceux qu'il chérit.

Il est le peintre des subtils, de ceux qui savent pénétrer les poètes.

Il présente des gammes de tons merveilleusement délicates, des gris violacés dont la douceur calme et enchante, des fonds estompés où l'or transparaît.

EUGÈNE CARRIÈRE. — PORTRAIT DE MADAME CARRIÈRE
Photo Goupil

Qu'elles sont jolies ces teintes pour qui aime les nuances de rêve, ce voile de la poésie.

> « C'est des beaux yeux derrière des voiles.
> Oh ! la nuance seule fiance
> Le rêve au rêve... »

Joint à cela, chez Carrière, la ligne et le relief d'un Vélasquez.

Plus de souplesse dans son œuvre que dans l'œuvre des plus grands. Autant de profondeur mystérieuse que dans les productions des vrais poètes. Une vie de labeur et d'amour pour ses proches. Tel est Carrière !

De son vivant, attaqué comme tout ce qui est grand, il triomphe dans la tombe de toutes les ignorances. La gloire de son génie n'est plus ternie que par quelques aveugles dont la désapprobation, d'ailleurs, est le plus sûr témoignage de sa grandeur.

Immatériel dans son art, il était né pour survivre à son époque.

Ses couleurs n'avaient, disait-on, point de brillant, point d'éclat. Pas besoin de brillant, pas besoin d'éclat, se fut écrié Gœthe : *Was glänzt...*

« Ce qui ne fait que luire est né pour un

instant. Le solide n'a pas à éblouir, il est acquis d'office à la postérité. »

Immense Carrière; que l'on te place dans une belle collection aux côtés d'Ingres : son dessin ne t'assombrira pas plus que le charme poétique des Monticelli, des Millet, des Fantin.

Qu'on t'entoure de chefs-d'œuvre du grand Daumier, vous aurez un air de famille, ayant cherché tous deux la vérité, la profondeur et ayant su atteindre à la même beauté.

Tu restes une des gloires de l'esprit de France : de sa psychologie, de son analyse, de sa vision subtile et pénétrante jusque vers l'au delà. Triomphe et sois aimé, car c'est pour toi aussi qu'il faut dire : « Entouré d'œuvres d'art, on ne vit jamais seul ! »

Un bébé, d'Eugène Carrière, avec ce qu'il a d'observateur, de réfléchi, de méditatif dans les yeux, vous transperce soudain au moment où, rêveur sur un sofa, vous alliez sentir votre isolement.

La profondeur de ce regard, l'inconnu qu'il recèle, la curiosité humaine qui émane de lui, sa bonté douce et immatérielle, sont une sorte d'extériorisation visible qu'il pro-

EUGÈNE CARRIÈRE. — TÊTE D'ENFANT

Photo Goupil

duit de ce qui pense en lui. La mystérieuse
inquiétude dont il frappe nos yeux distrait
un peu du relief pourtant si anatomique, si
puissant de ce visage au front bombé mais
aux contours d'une grâce magique, insubs-
tantielle comme son expression.

C'est une apparition, un rêve que vio-
lacent les teintes et que dore le fond, une
suavité humaine, une âme juste assez maté-
rialisée pour qu'on la devine quoiqu'elle appa-
raisse comme voilée ; c'est l'ossature savante
de la face embrasée du rayonnement intérieur
de l'homme, un reflet mystérieux de la Pensée
éparse en l'insondable éther.

C'est la recherche décidée des yeux dont la
destination est de pénétrer les choses, c'est le
besoin curieux de se mêler au monde tout en
venant de si loin... ; c'est un regard de socia-
bilité idéale ; c'est le désir de rayonner des
caresses et de goûter en retour des affections.

Gloire à la beauté, toujours, mais surtout gloire à la beauté qui peut augmenter
chez tous la force morale.

Car les deux sources de la prospérité des
nations sont la force morale et la science.

Si les mœurs se corrompent, l'État lui-
même se dissout.

« Pas de société sans la religion », cette ironie de Hugo dans *les Trois chevaux* vaut ce qu'elle vaut, quoiqu'il y ait une infinie distance entre ses railleries et celles de Voltaire ou de Rabelais.

Bref, on s'efforçait d'effriter la religion nationale en la ridiculisant. Mais Luther, Calvin, Zwingle, Jurieu, Basnage, se sont bien gardés, s'ils ont arraché les branchages qui leur semblaient en trop, de toucher au vieux tronc des croyances primitives. Au contraire, ils ont essayé de ramener le christianisme aux règles simples et austères de son début. Ils avaient au moins une base. Aujourd'hui, qu'avons-nous ?

Après l'école des philosophes catholiques, Schlegel, de Bonald, de Maistre, qui pensait que toutes les vérités avaient été révélées à l'homme et nous faisait procéder de Dieu pour retourner à Dieu, nous avons eu récemment Guyau.

« L'irréligion ou l'a-religion, pense Guyau, est simplement la négation de tout dogme, de toute autorité traditionnelle et surnaturelle, de toute révélation, de tout miracle, de tout mythe, de tout rite érigé en devoir. Cette a-religion n'est pas synonyme d'impiété, de mépris à l'égard du fond métaphysique et moral des anciennes croyances. »

Ainsi ce jeune homme de génie, Guyau, mort à trente-trois ans, qu'Alfred Fouillée avait adopté, nie tout dogme, toute révélation, toute autorité traditionnelle et surnaturelle, tous les rites érigés en devoir, mais il veut conserver la piété et le respect à l'égard du fond métaphysique et moral des anciennes croyances.

Nous comprenons mal ce qu'il a voulu dire en niant le surnaturel du fond métaphysique qu'il conserve et qu'il fait éternel. Ainsi ce fond métaphysique des anciennes croyances s'appliquera aussi bien aux croyances qui naîtront sans cesse puisqu'il reconnaît qu'il doit durer.

Mais par quoi remplacera-t-il le surnaturel qu'il lui ôte, car il s'agit de résoudre le problème angoissant de la création des mondes et des êtres et de leur vie et de leur mort. C'est à ce problème que vous enlevez le surnaturel : mais à quoi réserverez-vous dans vos débats philosophiques le mot surnaturel ?

Vous voulez remplacer peut-être les traditions surnaturelles par les explications nouvelles que fourniront les découvertes des sciences. A peine ces découvertes ont-elles paru qu'elles sont remplacées par d'autres qui souvent les contredisent. Les découvertes meurent, elles sont finies et le problème qui est posé est infini.

Nous tablons parfois sur des données qui, en fait, ne comptent déjà plus. Telles des émanations lumineuses qui ont eu de si fabuleuses distances à parcourir qu'elles nous parviennent seulement aujourd'hui de systèmes solaires qui n'existent plus.

Au reste, qu'on nous enseigne que la Voie Lactée contient un milliard et demi d'étoiles ; qu'une simple gouttelette d'eau renferme deux mille milliards de milliards de molécules ; que nous voyions Claude Bernard réussir à extraire le glycogène du foie ; Thomson et Berthelot définir la thermochimie ; Dufrénoy et de Lapparent nous montrer les plus riches cristallisations minérales ; Laplace ou Flammarion nous dévoiler le système du monde ; Lamarck et Darwin établir les lois du transformisme, cette vision incommensurable de Lamarck qui, à quarante-sept ans, s'est révélé homme de génie ; que nous voyions Lavoisier, n'oublions pas cela, formuler ce principe considérable : « rien ne se perd, rien ne se crée » : il va résulter de ces acquisitions un plus élégant assemblage pour les dissertations des philosophes, mais le principe de l'être et de la destinée ne sera jamais atteint ni expliqué par tout cela.

Somme toute, quand Spencer admet le rythme d'évolution et de dissolution universel et éternel par la redistribution incessante de la matière et du mouvement, et quand il ajoute que la matière et le mouvement invariables en quantités sont modifiés sans cesse dans la forme, sans limites dans l'espace et sans commencement ni fin dans le temps, il fait d'abord une hypothèse et ensuite n'est pas plus avancé qu'Aristote en métaphysique religieuse.

Il est simple de comprendre, avec Spencer, qu'un agrégat est un état cohérent qui par un processus d'intégration succède à un état incohérent et que, de plus, un agrégat se modifie jusqu'à ce que les forces auxquelles il est exposé s'équilibrent et que même nulle masse planétaire ou stellaire n'échappe à cette évolution qui dure depuis une période indéfiniment reculée dans le passé.

Puis après, nous nous écrierons avec ce

philosophe savant : « Puissance inconnue et inconnaissable que nous sommes obligés de reconnaître comme sans limites dans l'espace, et sans commencement ni fin dans le temps. » Et voilà tout ce à quoi nous aurons abouti !

Ceci est de notre époque, n'est-ce pas ? Nous allons lire ensemble à présent ce qu'écrivait, en 1681, l'évêque de Meaux, dans son *Discours* : « Les philosophes qui ont été le plus loin, nous ont proposé un Dieu qui, trouvant une matière éternelle et existante par elle-même aussi bien que lui, l'a mise en œuvre, et l'a façonnée comme un artisan vulgaire, contraint dans son ouvrage par cette matière et par ses dispositions qu'il n'a pas faites ; sans jamais pouvoir comprendre que si la matière est d'elle-même, elle n'a pas dû attendre sa perfection d'une main étrangère ; et que si Dieu est infini et parfait, il n'a eu besoin, pour faire tout ce qu'il voulait, que de lui-même et de sa volonté toute puissante. »

A vous, lecteurs, de conclure, de combien de pas nous avons avancé depuis les anciens philosophes.

Il n'est pas superflu d'ajouter une déclaration textuelle qu'a faite dans une interview,

un ancien président du Conseil, M. Combes :
« Depuis que la science a établi d'une manière irréfutable, que dans la nature rien ne
se crée ni ne se perd, une analogie, absolument légitime, transporte dans le monde
de la conscience ce que l'observation atteste
dans le monde des corps. Elle garantit la
personnalité humaine contre l'horreur instinc-
tive du néant. Elle lui ouvre les horizons
de l'éternelle justice. »

C'est l'avis de M. Léon Denis dans ses
ouvrages sur les vies successives et de beaucoup de nos contemporains. Mæterlinck s'en
occupe dans un de ses livres.

On peut juger par là combien ineffaçable
dans le cerveau et le cœur des hommes est
le principe ancien de l'immortalité qui cher-
che son expression à travers les époques
mais se montre, dans son essence, immuable
toujours.

L'homme ne meurt pas !

Il fut un temps où l'intensité de la lumière solaire s'étant affaiblie temporairement
les glaces descendirent des montagnes et
couvrirent la terre. Cette période glaciaire
semble exister aujourd'hui dans l'ordre moral.

N'y a-t-il donc pas de moyen terme entre

l'enseignement qui néglige la morale et celui des religieux qui, parmi tant de qualités, heurterait parfois les sciences ?

M. Croiset se proclame rationaliste parce que, s'il ne donne aucun système pour remplacer l'autre, il est du moins des stupidités qu'il n'y peut laisser subsister.

C'est entendu.

Seulement, c'est encore avoir l'esprit théologique que de rechercher l'absolu dans les institutions. On ne supprime pas les liens, pour ainsi dire infrangibles, qui retenaient les hommes dans une honnêteté tout au moins relative, parce que l'on a découvert dans un enseignement quelques lacunes. On patiente et on réforme.

A-t-on supprimé l'astronomie parce que, au temps d'Herschel, d'Arago, on écrivait qu'il devait y avoir dans le soleil une végétation luxuriante ? Or, M. Becquerel nous enseigne que la température moyenne du soleil est de plusieurs milliers de degrés. Que deviendrait la chlorophylle à cette température ?

Aussi bien toute loi de physique acceptée aujourd'hui est destinée à être remplacée dans l'avenir, écrivent les physiciens philosophes.

Nul ne songe pourtant à supprimer la physique.

Ouvrons, de même, un manuel de politique, nous lirons que les idées avancées, mais saines, d'une époque, sont les idées généralement admises dans une époque ultérieure.

On ne supprime pas la sociologie pour cela.

Eh bien, pourquoi la religion en tant que science fondamentale n'évoluerait-elle pas aussi dans ses détails pour être traduite en vérités toujours actuelles, c'est-à-dire en rapport avec la science et la civilisation.

Il serait toutefois aussi odieux que niais de tourner en ridicule des hommes qui ne peuvent considérer toutes les fins intermédiaires sans entrevoir la fin dernière qu'ils nomment Dieu.

« Nous, les savants, écrit Claude Bernard, nous étudierons seulement les causes secondes, quant à la cause première elle nous échappera toujours. »

Il ne la nie pas pour cela la cause première ?

C'est la même pensée que Berthelot exprime en disant qu'il n'y a plus de métaphysique mais seulement de l'hyperphysique.

Où sont les hommes qui ont nié Dieu ! Ce n'est ni Pascal, ni Voltaire, ni Hugo, ni Vigny, ni Henri Fabre, le grand entomologiste qui répond à une question qu'on lui pose : « Mais Dieu, je le vois. » Ce n'est ni Flammarion, ni Pasteur, ce génie qui fit la réflexion souvent citée : « La science que j'ai acquise me rend croyant, mais si j'avais trois fois plus de science, j'aurais la foi d'un breton. »

Et Vigny remarque qu'on n'a pas été précis dans la définition de Dieu, et il ajoute : « Cela prouve-t-il contre une existence que l'on sent universellement ? »

Puis Hugo, dans *l'Année terrible* :

« S'il s'agit du principe éternel, simple, immense,
Qui pense puisqu'il est, qui de tout est le lieu,
Et que, faute d'un nom plus grand, j'appelle Dieu. »

Cette notion si évidente de Dieu n'a point pour cela enfermé l'homme le plus considérable du XIXe siècle dans l'étroitesse d'un dogme qui ne lui a pas suffi, témoins ces vers :

« Un dogme est l'oiseleur, guettant dans la forêt
Qui, parce qu'il a pris un passereau, croirait
Avoir tous les oiseaux du ciel bleu dans sa cage. »

ou encore ceux-ci :

« Tous les cultes ne sont, à Memphis comme à Rome,
Que des réductions de l'éternel sur l'homme. »

On n'aurait pas dû mépriser plus les cultes et leurs efforts vers le parfait qu'on ne méprise la science.

A la conception mythique du monde on va substituer la conception scientifique, mais les grandes religions survivront toujours à leurs autels et à leurs prêtres. N'est-ce pas là ce qu'a voulu dire Guyau ?

Déjà le Père Monsabré concevait très bien le transformisme et trouvait la création du monde en partant d'un simple germe, plus en harmonie que l'autre avec l'idée qu'il se faisait de Dieu.

« Loin que la science soit irréligieuse, comme tant de personnes le croient, c'est l'abandon de la science qui est irréligieux », a pensé Herbert Spencer.

Nous ne croyons pas qu'une société existe longtemps sans une religion, large et scientifique, si vous le voulez, mais une religion quand même, qui s'empare de l'âme et l'exalte, mais que l'âme conserve comme son guide et son espoir.

L'absolutisme catholique a rendu indifférents nombre de catholiques parvenus à l'âge mûr.

Les protestants conservent plus aisément

leur religion; leurs pasteurs sont des pères de famille, ils ont raisonné le dogme et conseillé la lecture critique. L'instruction est plus répandue dans les pays protestants que dans les autres.

Comparez à cet égard le Danemark, les pays scandinaves, la Hollande et l'Allemagne à la Belgique, à l'Espagne, au Portugal, pour ne point parler de la France qui a fait un sérieux effort depuis trente ans.

C'est un fait que le sacerdoce a exercé une grande influence sur l'État, à tel point que les dirigeants ont souvent emprunté à l'organisation religieuse les formes qu'ils ont données à l'État.

Quelle perte pour le progrès, en général, lorsque les plus éminents d'entre les hommes d'État dirigent, pendant un demi-siècle, les forces vives de la nation à lutter seulement contre le parti clérical !

Une école a prétendu, relisons *la Révolution*, d'Edgar Quinet, qu'en France l'émancipation ne serait possible qu'après la réforme du culte. Quinet est mort en 1875, depuis cette date, nous avons assisté, ne pourrait-on pas dire, à une longue guerre civile. Or, pendant ces divisions l'étranger nous guettait !

Nos hommes d'État avaient bien vaincu les évêques, mais ils ont failli nous faire battre par Ludendorf.

Triste alternative pour notre pays. Dans cette querelle fratricide l'intelligence a manqué dans les deux camps.

> « Les peuples les plus fiers du couchant et du nord
> Ou sont alliés d'elle, ou recherchent de l'être ;
>   Et ceux qu'elle a fait naître
> Tournent tous leurs conseils pour lui donner la mort ! »

Voilà ce que contait Malherbe de la France à son époque. Il en va de même aujourd'hui.

Le ressort incomparable de la France fait qu'elle se retrouve sérieuse dans son triomphe, à cause de ses deuils, mais enfin debout. Il y a quelque dix ans, un grand orateur chrétien nous l'avait prédit dans une belle cathédrale : « La France peut, la veille, être couchée sur le pré le flanc ouvert et le lendemain remonter aux astres couronnée de lauriers et d'immortelles. Dieu n'a pas encore inventé le moyen de remplacer la France : elle ne meurt pas. »

*
* *

Quand on élimine purement et simplement les croyances religieuses dans une nation, que reste-t-il pour maintenir l'ordre moral ? le point d'honneur que, dans une longue et vibrante péroraison, décrit magnifiquement Vigny : « L'honneur c'est la conscience, mais la conscience exaltée, c'est le sentiment de la beauté de sa vie poussé jusqu'à la passion la plus ardente... » Mais cet honneur, c'est une survie de l'atavisme chrétien, de la religion qui, pendant tant de siècles, a formé les consciences.

Ce point d'appui de l'honneur dans une société si avancée qu'elle se décompose, s'il chancelle et disparaît, que reste-t-il ?

Quand l'opinion publique est pervertie, essayez donc de lui parler de devoir, de vertu ou même d'honneur !

Tous les lecteurs seront de cet avis, tiraillés qu'ils sont tous par les mêmes angoisses pour l'avenir.

Il est des agglomérations d'hommes plus aisément disciplinables que d'autres. Plus un peuple est de tempérament individualiste et frondeur et plus il a besoin d'un frein moral qui, néanmoins, le discipline.

Les changements sociaux, après des guerres pareilles, s'opèrent de façon catapulteuse. Beaucoup de ces choses, que Taine affirmait dans ses *Notes sur l'Angleterre*, fourniraient aujourd'hui matière à controverse. La mentalité de la masse s'est modifiée en Angleterre et diffère un peu de ce qu'il en a connu.

Et la Russie devait, la première, montrer au monde, pour l'en guérir peut-être, ce qu'est, mis en pratique, un marxisme sanglant.

Voilà les perturbations que deux empereurs, deux comédiens à couronnes burlesques, ont causées pour « faire de l'histoire » !

On ne peut songer, le front plissé par le désir de vengeance et de justice, à ce Guillaume aux innombrables costumes qui, dans un parc de Hollande abat des arbres en attendant qu'il soit lui-même abattu, on ne peut songer à cet ivrogne sanguinaire sans lui appliquer, n'y changeant pas un mot, les vers qu'en 1617, Malherbe, que nous nous plaisons à revoir paraître, lui avait, sans le vouloir, très exactement préparés :

« Va-t'en à la malheure, excrément de la terre,
Monstre qui, dans la paix, fais les maux de la guerre
Et dont l'orgueil ne connaît point de lois.
En quelque haut dessein que ton esprit s'égare,
Tes jours sont à leur fin, ta chute se prépare.
Regarde-moi pour la dernière fois.

C'est assez que, cinq ans, ton audace effrontée,
Sur des ailes de cire aux étoiles montée,
Princes et rois ait osé défier :
La fortune t'appelle au rang de ses victimes ;
Et le ciel, accusé de supporter tes crimes,
Est résolu de se justifier. »

Rien ne manque à ce poème, pas même les cinq années où les bombes éclataient sur les femmes en couches, sur les blessés, sur les berceaux.

Ce n'est sûrement pas un souverain manquant de clairvoyance que Bossuet, dans sa *Politique tirée de l'Écriture sainte*, admet et à qui il veut qu'on obéisse « comme à la justice même ».

Ainsi, il admettait le pouvoir absolu. Qu'il y en a actuellement à l'extrême gauche dans les Chambres d'Europe qui, au xviie siècle, n'auraient pas aboli le pouvoir absolu !

Bossuet était né et avait vécu sous une monarchie dont il était à même d'apprécier les qualités et les défauts. Il ne l'a sûrement pas trouvée parfaite et sa connaissance profonde des républiques du passé lui a fourni des éléments de comparaison dont il a bien dû se servir.

Que lui reproche-t-on, de n'avoir peut-être pas suivi Milton qui écrivait la théorie de la République, et de n'avoir pas tombé la royauté ? Nous ne nous trouvons pas là devant Saint-Just qui est mort à vingt-six ans et un jour, ni devant Barnave ou Desmoulins, qui ont péri à trente-deux ans, mais devant un grand homme d'État que la vie et l'expérience ont blanchi.

Il n'ignorait pas, vers le milieu de son siècle, la constitution de l'État de Rhode-Island que Roger Williams avait fondé où tous les citoyens, sans distinction de culte, étaient égaux devant la loi.

Les quakers également interdisaient au pouvoir civil d'intervenir en matière de foi, dans la Pensylvanie et dans le New-Jersey. Bossuet avait connaissance de la constitution du New-Jersey où tous étaient électeurs et pouvaient être élus. Ils avaient supprimé même la prison pour dettes, ce que nous avons fait à Saint-Denis en 1869, et ils s'étaient réservé jusqu'au droit de poursuivre le député qui négligeait son mandat. Les orphelins étaient élevés aux frais de l'État et l'enseignement était obligatoire pour tous.

Bossuet, sans aucun doute, avait lu : « les

sujets ne sont pas créés de Dieu pour le prince », dans l'édit du 16 juillet 1581, par lequel les États-Généraux des Pays-Bas proclamaient la déchéance du roi d'Espagne.

Ainsi il y avait eu des constitutions libres établies bien avant les révolutions de 1648 et de 1688, en Angleterre, et Bossuet n'a pas vécu sans se douter qu'il y aurait, copiées sur les anciennes, une Déclaration des Droits en Amérique et en France, même s'il n'a pu préjuger des dates.

Il naît dans une ville catholique, d'une famille catholique. Il étudie au collège de Navarre, sous la direction de Nicolas Cornet. Il s'éprend des écrits de Chrysostome, mort en exil, à cause de sa foi; de saint Athanase, exilé cinq fois pour ses croyances; de saint Basile et de saint Grégoire de Nazianze, qui vécurent dans la pauvreté.

Il a vu saint Clément d'Alexandrie, Tertullien, saint Cyprien et Arnobe élevés dans le paganisme, hommes très savants comme les premiers, et qui devinrent les croyants que l'on sait. Il savait que dans ces premiers siècles ce n'était pas par intérêt que ces religieux avaient défendu leur foi qui ne leur attirait que des persécutions.

Jeter par-dessus bord sa monarchie et sa religion, mais il eût fallu qu'il ne doutât point de la perfection supérieure de ce qu'en ces temps on eût pu mettre à la place !

Son rôle était d'être savant, zélé, persuasif pour implanter dans le royaume et dans le monde, puisqu'il était déjà une personnalité mondiale et qu'il avait, de son vivant, en quelque sorte une figure d'avenir, pour implanter, avons-nous dit, les grands principes qui font les peuples forts, disciplinés, cohésifs.

Il a tellement reconnu, esprit limpide comme l'éther, que les protestants étaient une pensée et une force, qu'il fit concession sur concession pour les unir aux catholiques.

Il a si bien vu qu'on reprocherait à tous les catholiques d'avoir leur patrie à Rome, qu'il a rédigé lui-même les quatre articles de 1682 concernant l'église gallicane.

Il y a de la pondération et de la science dans ses maximes : comme La Fontaine et Rousseau, il n'a commencé d'écrire qu'à quarante ans.

Il y a de l'unité dans sa vie comme dans ses écrits.

C'est une source qui a jailli très pure et très haut, dans le jardin fait par Le Nôtre, pour durer toujours, cristal de roche impérissable, et figurer l'éloquence précise, humaine et féconde des enfants de la France.

Que lui demande-t-on de plus ?

De grandes fautes ont été commises par les ministres et par le roi, par le clergé et par la cour. Ces édits qui, dès 1662, avaient interdit différentes industries aux protestants, étaient d'une économie détestable puisque surtout les réformés ont montré leur habileté en Angleterre où ils créèrent l'industrie de la soie et disciplinèrent l'Écosse. On sait la cause de croissance extraordinaire qu'ils furent pour l'Empire germanique, depuis les industries essentielles jusqu'aux porcelaines de Saxe, de Meissen qui, dans la suite, s'efforcèrent de concurrencer notre manufacture de Sèvres.

Et dans les Pays-Bas et en Suède, sous Gustave-Adolphe, ils se sont montrés supérieurs.

Une erreur économique de cette envergure cause quelque surprise dans le royaume qui avait eu Sully, Mazarin et Colbert.

Il est vrai que Guillaume II et ses ministres protestants en ont commis une plus grande de nos jours.

* *

Pour ce qui fut une violation de la liberté de conscience : les esprits n'étaient malheureusement pas arrivés à la conception vaste que nous avons déjà empruntée à Rousseau pour l'opposer à Grotius et qui contredit, d'ailleurs, la sévérité injuste que nous lui avons vu exprimer à l'égard de ceux qu'il condamne à mort comme relaps.

Nous lisons dans le *Contrat Social :*

« L'intolérance rentre dans les cultes que nous avons exclus.

« On doit tolérer toutes les religions qui tolèrent les autres autant que leurs dogmes n'ont rien de contraire aux devoirs du citoyen.

« Chacun peut avoir, au surplus, telles opinions qu'il lui plaît, sans qu'il appartienne au souverain d'en connaître, car comme il n'a point de compétence dans l'autre monde, quel que soit le sort des sujets dans la vie à venir, ce n'est pas son affaire, pourvu qu'ils soient bons citoyens dans celle-ci. »

Une mauvaise direction avait été imprimée depuis longtemps dans cet ordre d'idées à la nation et Bossuet n'a pu opérer, en un demi-siècle d'efforts, la réunion qu'il croyait possible. C'est plus avant dans notre histoire que le courant libéral eut dû être suivi. Un ex-homme d'État, qui, lui, ne manquait ni de vigueur intellectuelle, ni de la rapidité du coup d'œil, nous a laissé, dans sa retraite forcée, son opinion sur ces choses. En 1816, en effet, à Sainte-Hélène, Napoléon écrivit : « François Ier était véritablement placé pour adopter le protestantisme à sa naissance et s'en déclarer le chef en Europe. Il eût épargné à la France ses terribles convulsions religieuses. Malheureusement, François Ier ne comprit rien de tout cela, car il ne saurait donner ses scrupules pour excuse, puisqu'il s'allia aux Turcs et les amena au milieu de nous. Tout bonnement, c'est qu'il ne voyait pas loin. Bêtise du temps, inintelligence féodale ! François Ier, après tout, n'était qu'un héros de tournoi, qu'un beau de salon, un grand homme pygmée. »

Quoi qu'il en soit, deux choses se dégagent de ce jugement de l'Empereur sur la Réforme ; d'abord qu'il était spiritualiste, exigeait une religion d'État, tel Musset en 1840 dans une

lettre à la duchesse de Castries : « La croyance
en Dieu est innée en moi ; le dogme et la
pratique me sont impossibles... » Secondement,
quelle que soit la puissance de l'œil ouvert
sur le passé, il est aisé, dans un cabinet de
travail, de se représenter des voies larges et
parées de fleurs alors que l'infortuné qui, à
une époque donnée, tenait le gouvernail,
n'avait devant lui que des chemins étroits,
tortueux, remplis de pointes et d'épines.

Et puis, la sagesse humaine n'est-elle pas
« toujours courte en quelque endroit ». S'ils
pouvaient reparaître en notre temps, ceux que
Napoléon a étudiés dans ses *Mémoires*, que
ne lui diraient-ils pas ! Fils de la République,
d'une humeur indépendante, libéral par nature
comment avez-vous pu devenir un tyran ? Ainsi
commencerait leur interrogatoire.

Est-ce par l'effet du hasard, de forces
invincibles ou de votre témérité, que Paris a
connu en mars 1814, un pareil désarroi quand
Blücher avec Kleist et Yorck emplissaient la
plaine Saint-Denis et prenaient Saint-Ouen
et Clichy et que, à la barrière de l'Étoile les
pièces de huit étaient servies par des invalides
qui avaient des bras en moins, des jambes de
bois ?

Vous avez répondu d'avance à cette masse
« indolente et faible » dont le cœur saigne,
lorsque, d'une nation de géants, il reste une
nation d'infirmes. « Si les vertus d'une âme
faible me manquent, j'en ignore aussi les
vices. »

Vous avez apprécié vous-même votre politique. « Le soleil même, lorsque sur le pôle
arctique, il répand sa lumière bienfaisante,
tue ou brûle toutes les plantes vitales situées
sous sa ligne. »

Vous avez mis de l'ordre où régnait
l'anarchie, vous eûtes la gloire de confier à
Tronchet, Bigot de Préameneu et Portalis une
grande tâche : celle de codifier, en un monument de sagesse, les coutumes de France que
Pothier avait déjà si bien rédigées. Mais quant
à la guerre, c'est pour vous que Hugo a
tracé ce que nous avons déjà cité : « la terre
est à l'homme et l'homme est à Dieu » et ce
mot de Bossuet, croyons-nous, s'applique autant à Napoléon qu'à Alexandre et à César :
« Mais parce qu'il avait été trop puissant, il
fut cause de la perte de tous les siens ; et
voilà le fruit glorieux de tant de conquêtes. »
Quand le roi rendit un édit contre les duels
en août 1679, on sait la façon dont Bossuet

applaudit, car « il s'agit de déraciner une coutume barbare qui prodigue malheureusement
le plus beau sang d'un grand royaume ».

*
* *

Pendant plus de cinquante ans, Bossuet a
tâché à opérer, nous l'avons vu, la réunion des
protestants et des catholiques : cela eut engendré une magnifique cohésion et fait cesser ces
querelles sanguinaires, ce tragique *Discord*
comme Malherbe l'a nommé :

> « Le Discord, sortant des enfers
> Des maux que nous avons soufferts,
> Nous ourdit la toile tragique
> Et le taon des guerres civiles,
> Piqua les âmes des méchants
> Qui firent avoir à nos villes,
> La face déserte des champs. »

Il y a peu d'années, un peintre mit au
Salon, une toile où, debout, se tenaient auprès
des pages, Saint Louis, Henri II, François I⁰ʳ,
Louvois tandis qu'à terre gisaient le duc de
Guise assassiné aux États de Blois, un pasteur
tenant encore ouverte la Sainte Bible et des
femmes échevelées. Sur un monticule dans
une lumière qui faisait ressortir le blanc de
sa robe, le Christ debout, les mains tendues,

leur disait : « Et moi je vous ai dit de vous
aimer les uns les autres et de vous entr'aimer
comme je vous ai aimés. »

*
* *

Il était dans la tradition de la France que
les grands esprits, de qui la parole se propage
bien longtemps encore après eux, jetassent
leur cri de protestation contre ces coutumes
innommables qui, au nom de la justice, au
nom de la liberté, parfois même, nous l'avons
vu, au nom de la fraternité, font massacrer
toute la provende d'amour des femmes d'une
époque.

Bossuet n'y a point failli. A chaque pas,
il regarde sévèrement le monde; il signale, en
accentuant, ces mœurs iniques aux princes
qui doivent régner : « Depuis Nemrod, l'ambition s'est jouée, sans aucune borne, de la vie
des hommes : ils en sont venus à ce point
de s'entre-tuer sans se haïr; le comble de la
gloire et le plus beau de tous les arts a été de
se tuer les uns les autres. »

Son panégyriste a dit de Bossuet qu'il
était entré « à trente-quatre ans à la Cour
pour enseigner aux princes la vraie politique,
et aux vieillards la vraie sagesse ».

Eh bien ! nous l'avons vu au cours de ce livre ce qu'a été son enseignement. Nous avons même remarqué comme il les désignait « ces ravageurs de provinces, que l'on a nommé conquérants, qui, poussés par la seule gloire du commandement, ont exterminé tant d'innocents ».

Il ne manque pas une occasion de flétrir la guerre. « L'Égypte, écrit-il, aimait la paix, parce qu'elle aimait la justice, et n'avait des soldats que pour sa défense. L'Égypte régnait par ses conseils ; et cet empire d'esprit lui parut plus noble et plus glorieux que celui qu'on établit par les armes. »

Et ce cerveau d'élite, cette incomparable puissance cérébrale, dont il n'y a eu dans l'humanité entière que quelques exemples, dédaignait-elle les exercices du corps ? Que non pas ! Toujours décrivant l'Égypte il ajoute : « Le pays était sain naturellement ; mais la philosophie leur avait appris que la nature veut être aidée. Il y a un art de former les corps aussi bien que les esprits. Cet art, que notre nonchalance nous a fait perdre, était bien connu des anciens, et l'Égypte l'avait trouvé. La course à pied, la course à cheval, la course dans les chariots se pratiquaient ; et il n'y avait point dans tout l'univers de meilleurs hommes de cheval que les Égyptiens. »

On voit quelles étaient leurs tendances quant à l'éducation, quant à la formation des hommes à nos grands précepteurs d'autrefois.

C'est au dauphin, au futur roi de France que Bossuet apprend à connaître le collège des féciaux, qui était établi à Rome « pour juger si une guerre était juste avant que le Sénat la proposât, ou que le peuple la résolût.

« Sainte institution s'il en fut jamais, et qui fait honte aux chrétiens, à qui un Dieu venu au monde pour pacifier toutes choses, n'a pu inspirer la charité et la paix. »

La tradition française de maudire les meurtres est restée bien vivante chez les romantiques.

Ce sont des philosophes, objectera-t-on, et on traduira la parole de Frédéric II : « Si j'avais un empire à punir, je le donnerais à gouverner à des philosophes. » Ce sont des poètes, ne manquera-t-on pas d'ajouter. — C'est précisément parce qu'ils sont poètes qu'ils sont le contraire des assassins !

Est-ce parce qu'il l'a fait avec violence qu'on blâmerait Chateaubriand de s'être écrié : « Les équarisseurs de chair humaine ne m'imposent point » et après avoir parlé de leurs « charniers de pourriture et de sang » il leur dit : « manufacturiers de cadavres vous aurez beau broyer la mort, vous n'en ferez jamais sortir un germe de liberté, un grain de vertu, une étincelle de génie. »

La violence ici est permise puisqu'elle veut empêcher de tuer !

Un autre officier, Alfred de Vigny, donne dans *Servitudes et Grandeurs militaires*, cette éloquente péroraison :

« Les grandeurs éblouissantes des conquérants sont peut-être éteintes pour toujours. Leur éclat passé s'affaiblit à mesure que s'accroît, dans les esprits, le dédain de la guerre, et dans les cœurs, le dégoût de ses cruautés froides.

« La philosophie a heureusement rapetissé la guerre, les négociations la remplacent ; la mécanique achèvera de l'annuler par ses inventions. »

Pour ce qui est du *père* Hugo, cet illustre fils d'un grognard, on peut juger de son aversion pour les tueries en masse soit dans la *Légende des Siècles*, quand il dit de la Terre :

> « Son but c'est la naissance et ce n'est pas la mort ;
> C'est la bouche qui parle et non la dent qui mord.
> Quand la guerre infâme se rue
> Creusant dans l'homme un vil sillon de sang baigné,
> Farouche, elle détourne son regard indigné,
> De cette effroyable charrue. »

Et dans ce passage si grand et si populaire des *Misérables*. « Les sabreurs ont fini, c'est le tour des penseurs. Le siècle que Waterloo voulait arrêter a marché dessus et continué sa route.

« Grâce au Ciel, les peuples sont grands en dehors des lugubres aventures de l'épée. Ni l'Allemagne, ni l'Angleterre, ni la France ne tiennent dans un fourreau. L'élévation de niveau qu'elles apportent à la Civilisation... vient d'elles-mêmes et non d'un accident, d'une bataille. Les peuples civilisés, surtout au temps où nous sommes, ne se haussent ni ne s'abaissent par la bonne ou mauvaise fortune d'un Capitaine. »

Et Hugo termine en souhaitant moins de gloire et plus de liberté.

Ces pensées de notre imposant xix° siècle, viennent de passer en pratique dans l'histoire. Ce ne sont pas des sabreurs que Foch, Pétain, Fayolle, mais des effacés, des modestes, qui, à l'exemple de notre Révolution, ont fait la guerre en philosophes, pour ainsi dire contre la Guerre.

Et à leur ministre également doit aller notre hommage, lui qui a groupé récemment toutes les forces de son pays, le plus libéral du monde, contre la plus brutale tyrannie militaire de tous les siècles et l'a terrassée. Lui aussi a fait la guerre à la Guerre.

Ils ont surpassé même leurs modèles d'autrefois : Kléber, Hoche, Marceau, le grand Carnot. Et dans un poème tout récent, *Le Triomphe*, tous ces héros d'antan s'écrient voyant les nôtres : c'en est fait dans l'Histoire, « Ils sont plus grands que nous ! »

Mais quand donc, enfin, cela paraîtra-t-il un anachronisme que de parler des guerres encore possibles ? « *Amare est felicitate alterius delectari,* aimer est se réjouir de rendre heureux son prochain » pense Leibnitz. Que le souverain à même d'éviter un conflit réfléchisse. En outre des assassinats en masse, car d'après Maurice Donnay « le nombre n'excuse pas le crime » par des procédés scientifiques si raffinés que les sauvages en rougiraient, en outre des épidémies qui fauchent autant d'êtres que le fer et les gaz, en outre des

divins vestiges de tous les arts du passé que
la guerre souille, altère ou détruit, il y a les
mœurs qui subissent un recul inimaginable,
il y a les campagnes, dont nous vivons pour-
tànt, et qui deviennent abandonnées, déser-
tiques, il y a le plus triste renversement des
rôles sociaux : les fortunes édifiées lentement
par le travail et l'ingéniosité prolongés sont
souvent détruites et remplacées par les revenus immédiats, brusques qu'a permis la spéculation éhontée. Ce sont, en général, de
piètres monuments dans la société que ceux
qui ont été si hâtivement construits.

On pourra citer longtemps encore « *amare
est felicitate alterius delectari* » ces chevaliers
nouveaux ne le comprendront pas !

*   *
*   *

N'y aura-t-il jamais moyen, par une éducation raisonnable, d'impressionner sa génération et les autres. Gœthe, toutefois ne l'a
pas pu, même en déployant le plus saisissant
lyrisme, il n'a réussi à inspirer l'horreur de
ces tueries :

> « *Und um die zwölfte Stunde
> Verlässt der Trompeter sein Grab...* »

« A minuit le trompette sort de sa tombe,

il court à cheval à droite et à gauche et lance des sons perçants.

« Les chevaliers morts accourent sur des chevaux aériens. Armés diversement, ces escadrons sanglants se rassemblent. On dirait que sous leurs casques, ces crânes blanchis ricanent en un grincement macabre lorsque leurs mains décharnées lèvent très haut de grands sabres.

« A minuit, le grand chef sort de sa tombe et s'avance lentement à cheval entouré de l'état-major...

> *« Der Mond mit gelbem Lichte*
> *Erhellt den weiten Plan... »*

« La lune, de ses rayons jaunâtres, éclaire la plaine immense et l'homme au petit chapeau passe en revue ceux qui furent ses soldats. »

Et de quel résultat fut, avant la guerre, dans la cathédrale de Bâle, l'évocation que fit Jaurès de *la Cloche* de Schiller ?

« *Vivos voco* », j'appelle les vivants pour qu'ils jugent de l'inutilité qu'on a de vivre, de procréer et d'entreprendre s'il s'agit de destiner les hommes à ces immolations dont nul ne voit le sens.

« *Mortuos plango* », je pleure les morts que le sort a choisis, aveugle et brutal, pour les faucher comme des épis, comme des roseaux sans même qu'il ait semblé tenir compte que ces roseaux étaient « pensants ».

« *Fulgura frango* », je brise la foudre, c'est-à-dire la puissance du mal qui déchaîne sur le monde les incendies, les meurtres en masse et la prostitution.

A côté de Jaurès, à Bâle, la voix de Bossuet sera-t-elle entendue du haut des tours de ses cathédrales de Meaux, de Metz ou de Paris?

Séparons-nous, lecteurs, en bénissant avec lui ce collège fondé à Rome pour éviter les guerres :

« Sainte institution, s'il en fut jamais, et qui fait honte aux chrétiens à qui un Dieu venu au monde pour pacifier toutes choses n'a pu inspirer la charité et la paix. »

TABLE

DES ILLUSTRATIONS

TABLE

DES MATIÈRES